CHAQUE PIÈCE, 20 CENTIMES.
40e LIVRAISON.

THÉATRE CONTEMPORAIN ILLUSTRÉ

MICHEL LÉVY FRÈRES, ÉDITEURS,
RUE VIVIENNE, 2 BIS.

LE BOURGEOIS DE PARIS

OU

LES LEÇONS AU POUVOIR

COMÉDIE-VAUDEVILLE EN TROIS ACTES ET SIX TABLEAUX

PAR

MM. DUMANOIR, CLAIRVILLE ET J. CORDIER

REPRÉSENTÉE POUR LA PREMIÈRE FOIS, A PARIS, SUR LE THÉATRE DU GYMNASE-DRAMATIQUE, LE 15 JUIN 1850.

DISTRIBUTION DE LA PIÈCE.

MORIN, marchand de nouveautés. . . . . M. GEOFFROY.
Mme MORIN. . . . . Mlle MÉLANIE.
CASIMIR, leur fils. . . . . M. CH. LINGUET.
CLOTILDE, leur fille. . . . . Mlle ARMANDE.
LÉONCE, marquis de Berny. . . . . MM. A. LANDROL.
BOURDONNET, ami de Morin, layetier-emballeur. . . VILLARS.
ROSINE, employée chez Morin. . . . . Mlle RIVAL.
CLIQUOT, petit commis chez Morin. . . . . MM. PRISTON.
MONTORGUEIL, négociant. . . . . MONVAL.
LE PRESIDENT du bureau des élections. . . . . . . LANDROL père.
UN GEOLIER. . . . . MANTE.

Un Caissier, deux Commis de bureau, plusieurs Commis-marchands, Acheteurs des deux sexes, des Gendarmes, deux Garçons de bureau de la Mairie.

ACTE I.

PREMIER TABLEAU.

Le magasin de Morin, au rez-de-chaussée. — Porte au fond, portes latérales donnant sur des salles dépendantes du magasin et dans lesquelles circulent des chalands. — A gauche, 1er plan, un petit comptoir où est assise Rosine. — Au fond, du même côté, un petit comptoir. — A gauche, au 1er plan, bureau de Clotilde, qui tient les livres. — Au fond, la caisse et un petit comptoir y attenant.

SCÈNE I.

Mme MORIN, CLOTILDE, ROSINE, CLIQUOT, COMMIS ET ACHETEURS.

Au lever du rideau, Clotilde est au comptoir, où elle écrit des factures; Rosine, debout, s'occupe à vendre des objets de toilette pour dames; les commis plient, déplient et vendent des marchandises de toutes sortes; le magasin est rempli d'acheteurs allant et venant. Le caissier, au fond, donne et reçoit de l'argent. Activité générale.

CHOEUR.

AIR *des Marraines de l'an III* (Polka d'Ettling).

Servez / Servons tout le monde,
Commis, mettons-nous / mettez-vous en train :
Car la foule abonde
Dans ce riche magasin.

UNE DAME.

Montrez-moi de la dentelle.

UNE AUTRE.

Donnez-moi du jaconas.

UN MONSIEUR.

Quatre gillets de flanelle
Et douze paires de bas.

UNE DAME.

Faites-moi voir vos ombrelles.

UN VIEUX MONSIEUR.

Un gillet de molleton,
Une paire de bretelles,
Quatre bonnets de coton.

CHOEUR.

Servez tout le monde, etc.

UN GARÇON DE RECETTE.

Une traite de 2,500 fr. sur la maison Morin.

Mme MORIN, *au garçon.*

A la caisse, monsieur. (*Elle lui indique le caissier qui est au fond.*)

UN COMMIS, *qui accompagne une dame, à Clotilde.*

Un cachemire de 1,800 f.

Mme MORIN, *à elle-même.*

Quatre cents francs de bénéfice ! (*A Clotilde.*) Vite, la facture, ma fille

CLOTILDE.

Je la fais, maman.

Mme MORIN.

N'oublie pas la date. (*A la dame.*) Pardon, madame, c'est que notre maison est renommée pour son exactitude dans les plus petits détails. (*Prenant la facture que Clotilde vient de compléter.*) « 22 février 1848... Cachemire vert myrte, 1,800 f... » Il n'y a rien à dire... (*Au commis, qu'elle charge de la facture et du châle.*) Accompagnez madame jusqu'à son hôtel.

UN GARÇON *de la maison Morin, au caissier.*

M. Benoît, voici la recette : cinq mille francs en billets et 1,175 en écus.

CLIQUOT, *à un acheteur.*

Des foulards des Indes?... la galerie au fond... (*A un autre.*) Du quinze-seize pour rideaux?.. par ici, monsieur. (*A une dame.*) Oui, madame, tout de suite. (*A Rosine.*) Mademoiselle Rosine, on demande du point d'Angleterre. (*Il indique, du geste, Rosine à la dame qui va la trouver. A lui-même.*) En voilà une maison, où les commis ont du mal !

Mme MORIN.

Eh bien ! Cliquot, vous ne faites donc rien?

CLIQUOT.

Rien !.. Ah ! patronne, pouvez-vous dire ça !... moi, qui me remue !..

Mme MORIN.

Oui, vous vous remuez comme les girouettes... sans bouger de place. Allez à vos rayons...

CLIQUOT.

J'ai vendu tout ce qu'il y avait dedans.

Mme MORIN.

Eh bien ! aidez aux autres commis.

CLIQUOT.

Oui, patronne. (*A lui-même.*) Ah ! si je pouvais donc être patronne aussi, moi !

SCÈNE II.

LES MÊMES, CASIMIR.

CASIMIR, *entrant, à lui-même.*

Je ne vois pas mon père.

ROSINE, *à part, avec joie.*

M. Casimir !

CASIMIR, *à sa sœur.*

Dis donc, Clotilde, papa est-il rentré ?

CLOTILDE.

Non... depuis ce matin, il est retenu au conseil des prud'hommes...

CASIMIR.

Ah ! tant mieux !

CLOTILDE.

Eh bien ! où vas-tu donc ? (*Casimir lui fait signe de se taire, en lui désignant Rosine.*)

ROSINE, *à part.*

Il m'a regardée !

CLOTILDE, *souriant, à Casimir.*

Prends garde que je ne le dise à ma mère !

CASIMIR, *lui montrant Léonce qui entre.*

Et toi, à mon père !

SCÈNE III.

LES MÊMES, LÉONCE.

CLOTILDE, *émue, à part.*

M. Léonce !.. (*Léonce et Casimir se serrent la main.*)

CLIQUOT, *à Léonce.*

Je reconnais monsieur, c'est une pratique... Que désire monsieur ?

LÉONCE.

Un crêpe de Chine.

CLIQUOT, *à part.*

Diable ! ça me regarde... (*Haut.*) Ce n'est donc pas du Florence, comme hier, de la dentelle comme avant-hier, et du...

LÉONCE, *souriant et l'interrompant.*

Non, c'est un crêpe de Chine, comme aujourd'hui.

CASIMIR.

Mais allez donc le chercher, Cliquot, c'est votre affaire.

CLIQUOT.

J'y vole, jeune bourgeois, j'y vole.

CASIMIR, *à Léonce.*

Sans être trop curieux, toutes ces emplettes, qui ne conviennent qu'à une famme...

CLOTILDE, *à part.*

En effet, c'est étrange.

LÉONCE.

e fe marie, (*il regarde Clotilde*) cela peut servir.

CASIMIR, *riant et regardant sa sœur.*

Ah ! bien, bien !

CLOTILDE, *à part.*

Ah ! mon Dieu ! que disent-ils? (*Léonce s'est approché de Clotilde, Casimir de Rosine.*)

LÉONCE.

Votre santé est bonne, mademoiselle?

CASIMIR.

Ça va bien, Rosine?

CLOTILDE, *les yeux baissés et additionnant un compte.*

Merci, monsieur.

ROSINE, *qui mesure des dentelles.*

Comme vous voyez, monsieur.

CLOTILDE, *troublée.*

Neuf et huit, dix-huit... et je retiens...

ROSINE, *de même.*

Quatre-vingt-cinq mètres... (*se reprenant*) non, centimètres...

LÉONCE, *à demi-voix.*

AIR : *De sommeiller encor.*

Mademoiselle, je vous aime !

CLOTILDE, *troublée.*

Je ne sais plus ce que je retenais.

CASIMIR, *à Rosine.*

Pour vous ma tendresse est extrême !

ROSINE.

Je ne sais plus ce que je mesurais.

LÉONCE.

C'est bien mal accueillir ses hôtes...

CASIMIR.

Mon amour doit être écouté...

ROSINE.

L'amour fait faire trop de fautes...

CLOTILDE.

Surtout en comptabilité !

LÉONCE.

Ecoutez-moi.

CASIMIR.

Regardez-moi.

CLOTILDE.

A quoi bon? vous êtes noble.

ROSINE.

Pourquoi faire? vous êtes riche.

LÉONCE *et* CASIMIR.

Eh ! qu'importe !

CLOTILDE.

Et moi, la fille d'un marchand.

ROSINE.

Et moi, la fille d'un ouvrier...

LÉONCE.

Mais je vous aime !

CASIMIR.

Mais je vous adore !

CLOTILDE.

Taisez-vous !... si maman entendait !...

ROSINE.

Finissez !... si votre papa rentrait !...

MORIN, *en dehors.*

Qui est-ce qui a donc fait l'étalage, ce matin?

ROSINE.

C'est lui!

CLOTILDE et CASIMIR.

Mon père!

LÉONCE, *à part.*

Diable!

TOUS LES COMMIS.

Le patron! (*Il se fait un grand mouvement parmi tous les commis, qui redoublent d'activité.*)

SCÈNE IV.

LES MÊMES, MORIN.

MORIN, *entrant.*

Des bas de coton avec des parapluies, des foulards avec des torchons!... Mais c'est l'arche de Noé, que cet étalage-là!

CASIMIR.

Bonjour, père.

MORIN.

Bonjour, bonjour... Tout a bien marché ici, en mon absence?...

Mme MORIN, *qui vient de rentrer.*

Très-bien, je t'assure,

MORIN.

C'est étonnant... car, quand je n'y suis pas... (*A un commis qui mesure de la soie.*) Comme vous êtes gauche, monsieur Julien!... (*A la pratique.*) Pardon, madame, si je donne devant vous une leçon de convenance à ce jeune homme, qui débute dans la soie... vous n'en serez que mieux servie... Combien de mètres, madame?...

LE COMMIS.

Un mètre cinquante centimètres, patron.

MORIN.

Un mètre cinquante centimètres... très-bien! (*Au commis.*) Tenez, on prend son étoffe comme ça, on l'étend sur le mètre... comme ça... deux fois; puis, on la déchire... comme ça.

LE COMMIS, *à Morin, qui a exécuté lui-même tout ce qu'il vient de dire.*

Mais, patron, vous coupez deux mètres, et madame n'en voulait...

MORIN.

Qu'un mètre et demi?... Eh bien! ma foi, c'est coupé... et madame prendra bien les deux mètres... Pas vrai, madame?... (*La dame fait un geste d'assentiment.*) Je vous ai fait si bonne mesure! (*Bas, au commis.*) Vous voyez comment au lieu d'un mètre et demi, on peut en vendre deux, imbécile! (*A Casimir.*) Et toi, paresseux, qui t'amuses à m'écouter!... (*Indiquant Clotilde.*) Et elle, qui ne fait rien!...

CLOTILDE.

Ce n'est pas ma faute... papa j'attends qu'on ait apporté à monsieur Léonce...

MORIN et Mme MORIN.

Monsieur Léonce! (*Léonce salue Morin.*)

MORIN, *à lui-même.*

Oui, un de nos clients... (*Avec un léger dédain.*) Un noble, un aristocrate.. ça nous méprise.

Mme MORIN.

Ah! pardon de ne vous avoir pas aperçu plus tôt, monsieur le marquis... (*Elle lui fait une profonde révérence.*)

MORIN, *bas à sa femme.*

Veux-tu finir... et ne pas l'appeler marquis!

Mme MORIN, *surprise.*

Monsieur n'est pas noble?

MORIN.

Si fait, monsieur est noble, monsieur est marquis... mais ce n'est pas une raison pour que tu lui jettes ça à la tête... c'est impoli, c'est grossier... ça ne se fait jamais... D'ailleurs, est-ce que depuis quatre-vingt-neuf et dix-huit cent trente, il existe encore des différences ou des priviléges de castes?... (*A Léonce.*) Vous me trouvez trop radical, n'est-ce pas?... mais je suis de mon siècle... je prends toujours le parti du faible contre le fort, des ouvriers contre les maîtres... Les maîtres sont souvent si injustes!... (*Apercevant les commis qui déjeunent avec des petits pains.*) Mais travaillez donc, messieurs!... que diable faites-vous là?... Est-ce que vous croyez par hasard que je vous paye pour que vous passiez mon temps à engloutir des flûtes!...

Mme MORIN.

Mais, mon ami, c'est l'heure où ces messieurs déjeunent...

MORIN.

Eh! qu'ils aillent déjeuner autre part!... s'ils se croient ici à la Maison dorée ou au café Anglais!... (*A Cliquot, qui vient de rentrer.*) Qu'est-ce que tu veux, toi?

CLIQUOT.

J'apporte le crêpe de Chine que monsieur a demandé.

CLOTILDE, *faisant la facture.*

Combien?

CLIQUOT.

Trois cents francs, mademoiselle.

MORIN, *examinant le crêpe de Chine, à Cliquot.*

Trois cents francs, un crêpe de Chine... qui vient de Chine!

CLIQUOT.

Oui, patron, c'est votre chiffre de marque.

Mme MORIN.

En effet, mon ami, c'est marqué.

MORIN.

Marqué, ça! marqué! (*A Léonce.*) C'est cinq cents francs, monsieur... à prendre ou à laisser... (*A part.*) Il ne le prendra pas...

LÉONCE.

Eh bien! monsieur, je le prends. (*Payant à Clotilde.*) Voici, mademoiselle... (*Bas à Clotilde.*) Il paraît de mauvaise humeur, je reviendrai... (*Il salue et sort, reconduit par Casimir et salué comiquement par Cliquot.*)

SCÈNE V.

LES MÊMES, *moins* LÉONCE *et* CLIQUOT.

MORIN, *à lui-même et interdit.*

Il a pris!

Mme MORIN, *avec reproche.*

Oh! vraiment, je ne te comprends pas.

MORIN.

Bah!... des orgueilleux, qui ne vous salueraient même pas dans la rue, et qui ne viennent nous voir que parce que nous avons des marchandises à vendre!

CASIMIR, *à Clotilde.*

Comme il se trompe!

MORIN.

Et sais-tu pourquoi ils nous les achètent?

Mme MORIN, *souriant.*

Pour nous enrichir.

MORIN.

Pour nous humilier.

Mme MORIN.

Par exemple!

MORIN.

Ils se disent en eux-mêmes: « Tiens! voilà un marchand, un boutiquier.... comme ils nous appellent... « Boutiquier, donnez-moi du calicot... Ah! il est bien laid, votre calicot... Quel affreux calicot!.... Où diable achetez-vous de pareil calicot?... Non, apportez-moi plutôt un crêpe de chine... qui vienne de Chine... Dépêchez-vous de me servir, boutiquier!... » Et quand on les a servis, ils tirent leur bourse, et vous payent en ayant l'air de vous dire: « Tiens, boutiquier, voilà pour ta peine. »

CLOTILDE, *à elle-même.*

Quelle injustice!

MORIN.

Tiens! ne me parle pas de tous ces gens de l'aristocratie... du côté droit de la chambre... Ils font de belles choses en ce moment!

Mme MORIN.

Ils font hausser les calicots.

MORIN.

Tu me fais hausser les épaules... J'ai la bêtise de te parler politique...

Mme MORIN.

Oui, et je n'y entends rien.

MORIN.

Tu n'as pas besoin de le dire, pauvre chère femme, va!... Ah! à propos de politique... Bourdonnet est-il venu?

Mme MORIN.

Le layetier-emballeur, ton ami?... Non.

MORIN.

Je suis passé chez lui ce matin, et chez une foule d'autres de mes amis... pour... affaire politique.

CASIMIR.

Bah!... Quoi donc?

MORIN.

De quoi te mêles-tu? est-ce que ça te regarde? est-ce que tu es électeur? est-ce que tu as le cens? Occupe-toi donc de mon commerce! Voyons, ma bonne, et vous tous, allez travailler, faites des chiffres, vendez, gagnez de l'argent...

Mme MORIN.

C'est l'heure où les chalands nous laissent quelque repos... Je vais m'occuper du déjeuner.

MORIN, *continuant.*

Pendant que moi, malheureux, je ne suis occupé que du bonheur de la France.

AIR : *Calife de Bagdad.*

Si j'en croyais mainte pratique,
Je ne m'occuperais de rien;
Si j'en jugeais par ma boutique,
Je trouverais que tout va bien.
Tout me dit d'avoir confiance,
Que tout va pour le mieux en France...
Mais je ne crois que mon journal
Qui me prouve que tout va mal.

Eh! voici ce cher Bourdonnet!

SCENE VI.

LES MÊMES, BOURDONNET.

BOURDONNET.

Ma foi, oui, mon cher... c'est moi-même... je ne te dérange pas?...

MORIN.

Au contraire.

BOURDONNET.

C'est que tu es si occupé, si affairé! tu es bien heureux.... Ce n'est pas comme moi, qui ne fais rien, qui ne vends rien... pas une malle, pas seulement un sac de nuit!... Personne ne voyage.

MORIN.

Oui, mais, en revanche, il paraît que tu te promènes beaucoup, toi.

BOURDONNET.

C'est vrai, c'est vrai .. Je flânotte toute la journée.

MORIN.

Je suis passé ce matin à ta boutique...

BOURDONNET.

Bah! Est-ce que tu avais à me parler?... (*Lui prenant la main.*) S'agirait-il d'un service?...

MORIN.

Justement... d'un service patriotique.

BOURDONNET.

Patriotique!... (*Il lui lâche la main.*) Tu me commandes de garde?

MORIN, *riant.*

Ah! ah! ah!... parce que je suis le sergent major de la compagnie?... Non... (*Prenant une plume, qu'il lui présente, avec un papier écrit.*) Fais-moi seulement le plaisir de me signer ça.

BOURDONNET.

Qu'est-ce que c'est que ça?

MORIN.

La liste de tous les négociants du quartier, qui demandent la réforme électorale... Mon nom est en tête.

BOURDONNET.

Je ne signe pas ça.

MORIN.

Pourquoi donc?

BOURDONNET.

Je n'en sais rien... mais je ne signe pas ça.

MORIN.

Au moins, prends la peine de lire.

BOURDONNET.

Je ne lis pas ça.

MORIN.

Malheureux!... Mais tu manques à tous les devoirs de citoyen!

BOURDONNET.

Ça m'étonne.

MORIN.

Tu ne sais donc pas ce qui se passe en ce moment-ci, politiquement parlant?... Veux-tu que je te l'apprenne?

BOURDONNET.

Inutile... je le sais mieux que toi.

MORIN, *achevant sa pensée.*

Ça va très-mal.

BOURDONNET.

Ça va très-bien.

MORIN.

Mais lis donc *le Siècle!*

BOURDONNET.

Je le sais mieux que *le Siècle!*

MORIN.

Et que le *National* aussi?... Têtu, va!... Tu n'es qu'un gros têtu.

BOURDONNET.

Ecoute... Je suis marchand de malles et de sacs de nuit, n'est-il pas vrai?

MORIN.

Cette raison!... Eh bien?

BOURDONNET.

Eh bien!... d'après ce que je vends ou ne vends pas de malles ou de sacs de nuit, je sais mieux que toi, mieux que les journaux, mieux que tout le monde, tout ce qui se fait en politique... Mes marchandises sont mon baromètre... La politique est-elle au beau fixe? personne ne quitte Paris, personne ne se sauve : je ne vends pas un sac de nuit par mois... La politique, au contraire, marque-t-elle giboulée ou tempête? tout le monde se sauve et je vends 200 sacs de nuits par jour... Enfin, quand ça va mal, mon commerce va bien, et quand ça va bien, mon commerce va mal... Or, comme je ne vends depuis longtemps ni sacs de nuit ni malles, j'en conclus que ça va bien et que la politique du gouvernement est irréprochable.

MORIN.

Mais voilà justement ton erreur!... Le gouvernement, appuyé sur la droite... sur la droite, entends-tu? s'oppose à la marche des idées... s'oppose au progrès, s'oppose aux réformes, enfin s'oppose...

BOURDONNET.

Et tu t'opposes à ce qu'il s'oppose?

MORIN.

Ah! tu sais que j'ai toujours été de l'opposition.

BOURDONNET.

Oui, et ça t'a fait faire de belles choses!... Rappelle-toi 1830.

MORIN.

Eh bien! quoi? j'étais libéral.

BOURDONNET.

Tu t'es amusé, toi, et une foule d'autres... à renverser le gouvernement.

MORIN, *se récriant.*

Est-ce que nous y songions, à le renverser!... est-ce que nous voulions le faire tomber, nous!

BOURDONNET.

Parbleu! vous le poussez, et vous ne voulez pas qu'il tombe!

MORIN.

Que diable! il faisait de l'arbitraire, et le gouvernement avait besoin d'une leçon.

BOURDONNET.

Que vous avez reçue... et toi, plus rude que personne... Ton commerce ruiné... le mien très-florissant... On partait beaucoup...

MORIN.

Même qu'on m'a emporté de l'argent...

BOURDONNET.

Et dans mes malles, sans doute... Morin!... prends garde à la politique... elle t'a déjà porté malheur... tu vas faire des sottises.

MORIN.

Mais pas du tout... Puisque c'est pour empêcher le gouvernement d'en faire!... Comprends bien... tu ne ne comprends pas... mais comprends bien, mon bon ami... Si les bourgeois de Paris, les commerçants, les propriétaires, ceux qui sont le plus intéressés à l'ordre, à la tranquillité, à la prospérité publique, laissent faire le gouvernement, si nous ne l'éclairons pas, le gouvernement, il va droit à l'abîme, où il nous entraîne avec lui... car, je le vois, l'abîme... il est là, béant, devant nous, prêt à nous engloutir...

Mme MORIN, *revenant en scène.*

Mon ami, est-ce que tu ne viens pas déjeuner?...

BOURDONNET, *à Morin absorbé.*

Dis donc, est-ce que ton abîme n'a pas faim ?

MORIN, *comme s'il se réveillait.*

Faim, dis-tu ?... Ah! oui!... le banquet!... (*Gaîment.*) Bien sûr, et que je vais joliment y faire honneur, encore !

Mme MORIN.

Quel banquet?

BOURDONNET.

On t'a invité à un banquet?

MORIN.

Au banquet de la réforme!... Ce sera magnifique... Toute la gauche mangera... Dis donc, chère amie, je vais voir manger la gauche...

BOURDONNET.

Y aura-t-il des truffes?

MORIN.

Des truffes!... allons donc!... C'est bon pour des députés ministériels... pour des ventrus... Non, du veau... une nourriture saine... et démocratique... Vite, femme, mon uniforme de garde national! (*Mme Morin quitte la scène.*)

BOURDONNET, *inquiet.*

Vous y allez en uniforme. ?

MORIN.

Sans armes!... La manifestation doit être pacifique.

BOURDONNET, *de même.*

Une manifestation?...

MORIN.

Dont le rendez-vous général est place de la Madeleine

BOURDONNET, *vivement.*

Je cours chez moi.

MORIN.

Chez toi ?... Et pourquoi donc?

BOURDONNET.

J'ai idée que c'est pour y vendre des malles.

AIR : *Contredanse de Musard.*

Il faut nous séparer;
Mon ami, je prévois l'orage :
J'ai, pour plus d'un voyage,
Des malles à préparer.

MORIN, *lui présentant un papier.*

Mets ton nom sur la liste.

BOURDONNET.

Tu me fais trop d'honneur.

MORIN.

Tu n'es qu'un égoïste.

BOURDONNET.

Non pas, mais je suis emballeur.

(*Il sort. — Léonce rentre, et, sans être vu de Morin, cause vivement à part avec Casimir.*)

SCÈNE VII.

LES MÊMES, *moins* BOURDONNET, *plus* LÉONCE.

MORIN, *parlant de Bourdonnet.*

Le poltron !

Mme MORIN, *qui reparaît, portant un habit de garde national et tout le fourniment.*

Voilà ton uniforme, mon ami.

MORIN.

Bien ! aide-moi à passer tout ça.

Mme MORIN, *qui lui aide à s'habiller.*

Le domestique est en train de nettoyer son sabre...

MORIN, *gaîment.*

Mon sabre?... pour dîner?... Sois tranquille, il y aura des couteaux de table.

Mme MORIN, *à part, voyant Léonce.*

Encore ce jeune homme qui aime Clotilde!... Si M. Morin le voyait !

MORIN, *que sa femme coiffe.*

Mais prends donc garde!.. tu m'enfonces mon bonnet à poil sur les yeux... et ça me donne l'air trop terrible... Je ne dois pas avoir l'air terrible, puisque c'est une manifestation pacifique.

Mme MORIN, *à part, parlant de Léonce.*

C'est qu'il n'achète rien !

MORIN, *avisant sa giberne.*

Ah ! femme, ma giberne !

Mme MORIN, *la lui donnant.*

Tu veux la mettre?

MORIN.

Au contraire!.. il y a des cartouches... Ote-les, ma bonne, et fourre-les dans mes poches.

Mme MORIN.

Des cartouches?..

MORIN.

N'aie donc pas peur... puisque je te dis que c'est tout pacifique... et que c'est du chocolat... Déchirons la cartouche. (*Il mord dans un rouleau de chocolat.*) La manifestation peut durer longtemps!.. (*Parlant du chocolat.*) C'est du *marquis*... du vrai marquis, que j'aime... Ce n'est pas comme... (*Apercevant Léonce qui vient à lui, excité par Casimir.*) Hein ?.. l'autre à présent !.. (*A Léonce.*) C'est encore vous, monsieur !.. il vous faut encore un crêpe de Chine !

LÉONCE.

Ne vous fâchez pas, M. Morin...

Mme MORIN, *à part.*

Ah! mon Dieu !

LÉONCE.

Et soyez assez bon pour daigner m'entendre... J'ai une demande à vous faire.

MORIN.

Dites-vous une demande, ou une commande?

Mme MORIN, *le contenant du geste.*

Mon ami!..

LÉONCE.

Une demande... et il y va de mon bonheur.

MORIN, *surpris.*

Si je peux vous obliger... mon dieu, moi... Vous sentez bien... il ne faut pas croire... parce que j'ai l'air comme ça... Mais, voyons, parlez vite... on m'attend pour une grande affaire politique...

LÉONCE.

M. Morin... je suis noble...

MORIN, *à lui-même, avec irritation.*

Noble!.. (*A Léonce.*) Eh bien ! oui, là, c'est convenu, vous êtes marquis...

LÉONCE.

C'est un crime à vos yeux... et ce serait un grand malheur aux miens, si ce titre, que je tiens du hasard...

MORIN.

Ça, c'est vrai... le hasard...

LÉONCE.

Si ce titre, dis-je, vous faisait rejeter la demande que j'ai l'honneur de vous faire, ainsi qu'à madame... de la main de mademoiselle Clotilde, votre fille.

MORIN, *stupéfait et essayant de maîtriser sa surprise et sa joie.*

Allons donc!.. ma femme... as-tu entendu?.. est-ce possible!..

Mme MORIN.

Oui, mon ami... je savais que M. aime notre fille... elle m'en avait fait la confidence...

CLOTILDE, *suppliante.*

Mon père!..

Mme MORIN.

Ne la gronde pas... je l'ai assez grondée, moi... Car un marquis... certainement qu'avec ta haine contre la noblesse, tu ne consentiras jamais...

MORIN, *très-embarrassé.*

Bien sûr que... cette diable de noblesse... elle nous a causé tant de... elle nous en a tant causé, que je ne sais plus seulement tout ce qu'elle m'a causé... on s'y perd.

LÉONCE, *tristement.*

Ainsi, monsieur, vous me refusez...

MORIN.

Mais... mais... mais non!... Je vous accepte! (*A lui-même.*) Mon gendre, un marquis!.. (*A Clotilde.*) Embrasse-moi, ma fille... (*A part.*) La marquise!

CLOTILDE.

Ah! mon bon père!..

LÉONCE.

Ah! monsieur!...

MORIN.

Ce n'est pas parce que vous êtes marquis, non!.. pas parce que marquis, mais quoique marquis!... Ne confondons pas.

AIR : *Du château perdu.*

Oui, j'aurais pu refuser, et pour cause :
Mais je n'ai pas cette faiblesse-là.
Je ne suis rien, vous êtes quelque chose,
Et je marie ensemble tout cela.
Honte à celui qui nous chercherait noise!
Sans déroger, l'homme de qualité
Peut épouser une simple bourgeoise :
Voilà comment j'entends l'égalité.
Oui, qu'un marquis épouse une bourgeoise,
Voilà comment j'entends l'égalité.

D'ailleurs, je vous le disais encore ce matin, tous les hommes sont égaux.

CASIMIR, *vivement.*

En ce cas, mon père, moi, qui aime Rosine...

MORIN.

Hein?.. Rosine?.. la comtesse Rosine? la marquise Rosine?. Je ne connais pas... Qu'est-ce-que c'est que ça, Rosine?

CASIMIR.

C'est Rosine qui est ici, à la dentelle.

MORIN, *avec explosion.*

Une ouvrière!.. une grisette!..

CASIMIR.

Mais...

MORIN.

Quand ta sœur va épouser!.. Mais ta sœur la marquise rougirait...

CLOTILDE.

Oh! non, mon père...

MORIN, *sans l'écouter.*

Mais le marquis, mon gendre, rougirait...

LÉONCE.

Oh! non, monsieur...

MORIN, *sans l'écouter.*

Mais la marquise, ma femme, rougirait... (*A lui-même.*) Allons, voilà que je m'embrouille!... (*Haut à Casimir.*) Une ouvrière!

CASIMIR.

Vous disiez que tous les hommes sont égaux.

MORIN.

Les hommes, oui! mais pas les femmes!... La charte ne dit pas : « Les femmes sont égaux devant la... » Ce serait une faute.

Air précédent.

Certes, monsieur, je refuse, et pour cause.
Je n'aurai pas cette faiblesse-là :
Elle n'a rien, vous avez quelque chose,
Puis-je songer à marier cela!
Une grisette!... on me chercherait noise :
Il faut qu'un homme ait de la dignité,
Et qu'un bourgeois épouse une bourgeoise :
Voilà comment j'enends l'égalité.

Mme MORIN.

Mon ami...

MORIN.

Laisse-moi... laissez-moi tous!... Et dire qu'au moment le plus beau de ma vie... au moment où je crois être heureux... ce malheureux-là...

CASIMIR.

Mon père!

MORIN.

Va-t'en!.. (*A Léonce.*) A bientôt, mon noble gendre. (*A Casimir.*) Renonce à cette petite ouvrière, vois-tu... je le veux... c'est ton père qui est le maître ici, qui est le gouvernement... et si tu ne respectes pas l'autorité du chef, prends garde à toi! (*A lui-même.*) Maintenant, allons un peu taquiner le pouvoir... Il te faut une petite leçon, mon gaillard... ne crie pas, mon bon ami, tu vas l'avoir. (*Il sort; chacun reprend sa place; le magasin se remplit de chalands; le mouvement est le même qu'au lever du rideau.*)

REPRISE DU CHOEUR *du commencement,*

AIR *des Marraines de l'an III.*

Servez / Servons tout le monde etc.

DEUXIÈME TABLEAU.

Même décor.

SCÈNE I.

(M. MORIN, Mme MORIN, CLOTILDE, ROSINE, CLIQUOT. *Mme Morin est assise près du bureau de Clotilde, à droite. Cliquot, qui est assis à ce bureau, dort. Clotilde est près du comptoir de Rosine, à gauche, toutes les deux brodent. Morin debout, à la porte du fond, semble attendre les pratiques.*)

MORIN.

Je ne sais vraiment plus pourquoi nous ouvrons le magasin... autant vaudrait laisser les volets fermés.

Mme MORIN.

Quel changement, mon Dieu!

MORIN.

J'ai ouï parler des ruines de Babylone.... je ne les ai jamais vues... mais ce devait être ça.

Mme MORIN.

Et dire que c'est toi, et ta politique, qui êtes cause...

MORIN.

Mais non... voilà l'erreur... c'est un mal-entendu... on ne m'a pas compris... Je ne demandais pas la république, je criais : Vive la réforme!... on m'a donné la république, parce qu'on a cru... mais on ne m'a pas compris.

Mme MORIN.

Qu'allons-nous faire de tous nos calicots?

MORIN.

Nous en ferons des chemises... Eh! mon Dieu! va, il y en a beaucoup qui voudraient en avoir, du calicot.

CLOTILDE, *qui regardait au fond, jetant un cri.*

Ah!...

Mme MORIN.

Qu'as-tu?

CLOTILDE, *confuse.*

Non... je croyais...

MORIN.

Tu croyais voir M. Léonce... M. le marquis de Berny... Pauvre niaise!... Ah! tu es bien la digne fille de ton père, va, toi....

AIR : *Connaissez mieux le grand Eugène.*

Quand nous étions dans l'opulence,
Chacun vantait tes vertus, tes appas ;
Ta dot eût remplacé, je pense,
Les titres que tu n'avais pas :
Tu devenais marquise... mais hélas!
Tous les chalands ont fui cette boutique,
Notre embarras chaque jour s'est accru...
Bref, nous sommes en république,
Et les marquis ont disparu.

ROSINE, *à part.*

Pauvre Clotilde!... Ah! c'est affreux!... ce M. Léonce!

Mme MORIN, *à sa fille.*

Voyons, Clotilde, sois raisonnable.

CLOTILDE, *essuyant ses yeux.*

Oh! ma mère, j'ai du courage; et, à défaut de courage, j'aurai de la fierté.

Mme MORIN.

A la bonne heure...

MORIN, *qui est remonté.*

La rue est un désert... ma boutique est comme la rue... Si j'allais faire un tour à ma maison de la rue Meslay...

Mme MORIN.

Encore t'absenter!...

MORIN.

Dame! écoute donc... le terme d'avril approche, et l'on dit que les locataires ont pour cette époque... des idées phalanstériennes.

Mme MORIN.

Une maison, que nous avons achetée quatre-vingt mille francs!

MORIN.

Et mes rentes, que j'ai achetées à 119, 50!

Mme MORIN.

Et qui sont aujourd'hui à 50!

MORIN.

Oui, il y a toujours les 50... mais pas les 119!

ROSINE, *se levant et courant au fond.*

Ah! cette fois, c'est lui!

TOUS.

Lui?

ROSINE.

M. Léonce!

CLOTILDE, *presque évanouie.*

Léonce!...

Mme MORIN.

Clotilde!... mon enfant!...

MORIN, *vivement.*

Pas de faiblesse!... Il vient se dégager sans doute.... pas de faiblesse, entendez-vous!

SCÈNE II.

LES MÊMES, LÉONCE.

LÉONCE, *accourant.*

Enfin, je vous revois!...

MORIN, *sèchement.*

En effet, monsieur, voilà longtemps...

LÉONCE.

Oh! ne me grondez pas... dites-moi bien vite qu'il ne vous est rien arrivé.. Si vous saviez comme j'étais inquiet!... Mais, grand Dieu! qu'elle solitude!... quel changement!...

MORIN.

Oh! oui, tout est bien changé... les choses et les hommes... Et ce matin encore, je disais, en parlant de vous: monsieur de Berny aura été prudent... il aura émigré.

LÉONCE.

Émigré!...

AIR: *Il faut bientôt quitter l'Empire.*

Quand on vit les flots populaires
Tout envahir, tout submerger;
Quand la foudre frappa nos pères,
Plus d'un courut chercher à l'étranger
Un abri contre le danger.
Qu'arrivera-t-il?... je l'ignore;
Mais, des tribuns que l'on nous a rendus,
Nous craignons peu les coups inattendus:
Ils pourront nous frapper encore,
Mais, croyez-moi, nous ne les fuirons plus.

MORIN.

Pardon d'avoir douté de vous... Votre absence .. le silence que vous avez gardé...

LÉONCE.

Je sors de prison.

TOUS.

Vous!

LÉONCE.

Oh! ne vous effrayez pas... C'était le lendemain de la grande victoire... je passais devant Tortoni, lorsque plusieurs de mes amis, qui en sortaient un peu échauffés, s'écrièrent en m'apercevant: « Eh! c'est de Berny... bonjour, marquis... eh bien! mon bon, nous sommes donc en république... » Une patrouille passait alors...— « Tiens! me dit, en me la montrant, le baron de Saint-Brieux, les voilà, ces bons bourgeois qui ont crié: Vive la réforme... Eh bien! mes braves, comment trouvons-nous ça?... est-ce bien joué?... » et mille autres propos fort déplacés, je l'avoue, et qui eurent pour résultat de nous faire arrêter.

CLOTILDE, *à part.*

Et je l'accusais!...

LÉONCE.

Mais me voilà libre, et le premier usage que je fais de ma liberté est d'accourir vers vous... Ah! que le temps m'a paru long!...

Mme MORIN.

Et nous, qui n'espérions plus...

LÉONCE.

Comment?

MORIN.

Pardon, monsieur Léonce, pardon!.. le malheur rend injuste; mais il ne doit pas rendre malhonnête homme... Vous voyez le résultat des événements... Je vendrais tout ce que je possède, boutique, rente et maison, qu'il me serait impossible de faire une dot à ma fille... et, plus je suis reconnaissant de l'honneur que vous vouliez bien nous faire, plus je comprends que dans ma position...

LÉONCE.

Mais, mon cher monsieur Morin, les événements ne m'ont pas épargné... toute ma fortune est au trésor... je ne sais s'il plaira jamais à la république de me la rendre... peut-être ne me reste-t-il plus qu'un titre... mais je l'offre à votre fille, en échange de sa main... c'est tout ce que je vous demande.

Mme MORIN.

Ah! c'est bien, c'est bien!...

ROSINE, *pleurant.*

Oh! oui, c'est bien!

CLOTILDE, *à part.*

Oh! oui!

MORIN, *très-ému.*

Certainement, c'est bien... c'est noble... je pleure... je pleure parce que c'est noble et que... (*A Cliquot qu'il réveille, en frappant sur le comptoir.*) Pourquoi dors-tu, toi?

CLIQUOT.

Hein! patron... Voilà, voilà!... que faut-il servir?

MORIN.

Rien... laisse-nous tranquille, dors!

CLIQUOT, *à part.*

Alors, c'était pas la peine de me réveiller.

MORIN, *à Léonce, avec énergie.*

Tenez, vous avez bien fait de venir!... j'étais lâche, je me laissais abattre... (*Boutonnant son habit.*) Mais, que diable! tout n'est pas désespéré!

Mme MORIN, *l'embrassant.*

Ah! mon cher Morin!

MORIN.

Allons, allons, que tout ici reprenne un air de prospérité... (*Réveillant Cliquot.*) Debout, paresseux!

CLIQUOT.

Voilà! voilà! que faut-il servir?

MORIN.

Rien...

CLIQUOT.

Ah! mais...

MORIN.

Quoi, mais?

CLIQUOT.

C'est que...

MORIN.

Sur pied!... Je veux qu'on travaille ici comme si le magasin faisait encore quatre cent mille francs d'affaires!

CLIQUOT.

Mais, patron, qu'est-ce que je ferai?

MORIN.

Tu déferas ce que tu auras fait, pour refaire ce que tu auras défait, et toujours comme ça...

CLIQUOT.

Oui, patron...

SCÈNE III.

LES MÊMES, CASIMIR.

CASIMIR, *accourant, un journal à la main.*

Mon père! mon père!... grande nouvelle!

MORIN.

Encore de la politique?... va te promener!

CASIMIR.

Mais c'est un bonheur pour nous!

TOUS.

Pour nous!

CASIMIR.

Le père de Rosine est nommé commissaire extraordinaire de la république !

MORIN.

Bah !

ROSINE.

Mon père !...

TOUS.

Est-ce possible ?

CASIMIR, *avec joie.*

Ses anciennes relations le font aujourd'hui le protégé de tous nos gouvernants, et, dans un temps de révolution, il fait bon d'avoir des amis haut placés.

MORIN.

Oh ! certainement... car on oublie vite les services rendus... Croirait-on que moi, moi, qui ai crié : vive la réforme ! moi, qui suis un républicain de la veille... (*s'interrompant*) je ne voulais pas la république, c'est vrai ; mais j'ai contribué, sans le vouloir, j'en conviens, j'ai contribué à son triomphe... Eh bien ! croirais-tu qu'hier, pas plus tard qu'hier, j'ai été appelé aristo !... Oui, dans la rue, un gamin qui passait et à qui j'ai donné une calotte parce qu'il marchait dans le ruisseau... ce gamin a osé... Aristo !... Il ne faut pourtant qu'un mot comme celui-là pour compromettre un homme...

CASIMIR, *avec intention.*

Sans doute... mais, si tu avais pu répondre à ce gamin : Celui que tu appelles aristo est le beau-père de la fille du citoyen Berthaud, commissaire extraordinaire de la république...

MORIN.

Ah ! bon, bon ; je te vois venir... mais réfléchis donc qu'il m'est impossible d'appeler ma bru citoyenne, et ma fille marquise... (*Répondant à un geste du marquis.*) Oh ! je sais que vous n'êtes pas fier... mais on doit respecter un titre... les titres sont sacrés !

UN CRIEUR, *dans la rue.*

« Voilà ce qui vient de paraître à l'instant même... nouveau décret du gouvernement provisoire ! »

CASIMIR.

Encore !

MORIN.

Ils ne font donc que ça ?

LE CRIEUR.

« Abolition de tous les titres de noblesse ! »

TOUS.

Qu'entends-je !

LÉONCE, *étonné.*

Je ne suis plus marquis ?...

MORIN, *consterné.*

Comment ! abolis !... nous serions démarquisés !

AIR : *Aux braves hussards du* 5e.

Le sort y met de la persévérance !...
Quoi ! le jour même où mon gendre... un marquis !...
Me fait noble par alliance,
Les titres seraient abolis !
Mais suis-je donc le jouet des partis ?
Ah ! quand on est d'une noblesse ancienne,
On doit maudire un tel gouvernement :
Car, d'un seul jour, allait dater la mienne,
Et j'y tenais déjà terriblement !

CASIMIR.

Et ne vaut-il pas mieux que l'égalité...

MORIN.

Va au diable, avec ton égalité !... Ma dernière, mon unique consolation... (*A part.*) Pauvre Clotilde !... un mari qui n'est plus noble et qui a toute sa fortune en bons du trésor... c'est affreux !...

LÉONCE.

Vous voyez que j'avais raison de ne pas mettre un trop grand prix à ma noblesse... Eh ! mon Dieu ! si l'on supprime les anciens marquis, c'est sans doute pour en créer de nouveaux, et le père de mademoiselle Rosine a des chances...

MORIN.

Vous croyez ?

CASIMIR.

Certainement, mon père !

MORIN.

Mon Dieu ! moi, je n'ai jamais eu de sots préjugés... Si Clotilde n'est plus marquise, et que Rosine soit fille extraordinaire de commissaire... non ! je veux dire fille de commissaire extraordinaire... je ne verrais pas pourquoi, moi, un républicain de la veille...

BOURDONNET, *en dehors, riant.*

Ah ! ah ! ah !

MORIN.

Bourdonnet !... Mes amis, pas un mot de tout cela devant lui !...

SCÈNE IV.

LES MÊMES, BOURDONNET.

BOURDONNET, *riant.*

Ah ! ah ! ah ! c'est pour en mourir !

MORIN.

Eh ! mon Dieu ! quelle gaîté !... Nous diras-tu ?...

BOURDONNET.

Ah ! mon ami, je n'en puis plus... quel métier !... ma boutique est au pillage, mes sacs de voyage, mes malles, mes étuis, mes coffres, tout ça disparaît comme par enchantement... Je m'étonne, quand je suis dans la rue, d'y voir encore quelqu'un... chez moi, c'est un sauve-qui-peut général !

MORIN.

Ah ! l'ouvrage...

BOURDONNET.

Donne... c'est bien naturel... vous faites des révolutions, et moi, j'en profite.

MORIN.

Ah ! tu vas recommencer !... Combien de fois faut-il te dire que je n'ai pas été compris !... Ce que je demandais...

BOURDONNET.

De quoi te plains-tu ?... on t'accorde plus que tu ne demandes.

MORIN.

Va te promener...

CASIMIR.

Mais, monsieur Bourdonnet, vous ne nous avez pas dit ce qui vous faisait rire...

BOURDONNET.

Ah ! c'est vrai... Pauvre monsieur Truchard, si vous l'aviez vu !... (*Riant.*) Ah ! ah ! ah !

Mme MORIN.

Truchard, l'épicier ?

BOURDONNET.

Il ne se contient plus... il veut aller, à lui seul, renverser le gouvernement provisoire !...

TOUS.

Et pourquoi ?

BOURDONNET.

Pourquoi ?... parce qu'on a supprimé les bonnets à poil !

MORIN.

Les bonnets à poil !... on supprime ?...

BOURDONNET.

Toutes les compagnies d'élite... Plus de grenadiers, plus de voltigeurs... tous les Français sont égaux et chasseurs !

MORIN.

Mais c'est affreux !... mais c'est révoltant !... mais je me révolte aussi, moi !...

BOURDONNET.

Comme Truchard... (*Riant.*) Ah ! ah ! ah !

MORIN.

Oh ! quel temps que le nôtre !

BOURDONNET.

N'est-ce pas, mon pauvre ami ? Convenons que c'est un fichu temps, saperlotte !... Pas pour moi !... je serais trop ingrat, si je m'en plaignais pour mon compte... Mais le commerce, les affaires...

MORIN.

Ah ! dame ! je suis obligé de convenir que ça été mieux... Je te dirais le contraire, que tu ne me croirais pas... ça été beaucoup mieux... mais dame ! ça boulotte... qu'est-ce que tu veux ?

BOURDONNET, *d'un air défiant.*

Ça boulotte ?... mais vrai, là, ça boulotte-t-il ?

MORIN.

Je n'ai pas autrement à me plaindre... Ma rente et mon commerce sont un peu tombés...

BOURDONNET.

Un peu ?... mais, s'il faut juger du commerce par la rente...

MORIN.

Oh ! non, pas tout à fait... D'ailleurs, j'ai ma maison, qui me rapporte...

BOURDONNET.

Ah ! tes locataires...

MORIN.

Excellents... Pas tous... il y a de mauvaises payes dans les étages supérieurs... mais le premier et le second, délicieux...

BOURDONNET.

Ah ! le premier et le second...

MORIN.

Oh ! ça, c'est sûr.

BOURDONNET.

Vraiment ?

MORIN.

Comment ! vraiment ? j'aime beaucoup ton vraiment... Est-ce que j'ai l'habitude de mentir ?

BOURDONNET.

Mais non... quel homme !

MORIN.

Non, c'est que tu dis : vraiment...

BOURDONNET, *s'emportant.*

Je dis vraiment, je dis vraiment, comme je dirais : c'est bien, tant mieux ! va te promener !...

LÉONCE.

Eh bien !... une querelle, entre amis !...

SCÈNE V.

LES MÊMES, UN GARÇON EMBALLEUR.

LE GARÇON, *entrant précipitamment.*

Monsieur Bourdonnet ! monsieur Bourdonnet !

BOURDONNET.

Eh bien ! quoi ? qu'y a-t-il ?

LE GARÇON.

Il y a que nous perdons tous la tête au magasin... On est venu pour ces deux malles qu'il faut porter rue Meslay, 103.

MORIN, *vivement.*

Ma maison !

BOURDONNET.

Eh bien ! puisque vous avez l'adresse...

LE GARÇON.

Mais les noms ?

BOURDONNET.

Duvivier, au premier.

MORIN.

Mon premier !

BOURDONNET.

Et Martin, au second.

MORIN.

Mon second !

LE GARÇON.

Duvivier et Martin... je cours...

MORIN, *hors de lui.*

Ah ! mais je sors de mon caractère !... à mon tour, je m'insurge !... Comment ! mes pratiques, ma rente, ma maison, le titre de mon gendre, mes locataires et mon bonnet à poil !... On m'enlèvera tout, on me prendra tout !... Mais, pendant qu'on est en train, qu'on me prenne ma boutique !... qu'on me prenne mes marchandises !... qu'on me prenne ma femme !...

AIR : *De la Savonnette.*

J'étouffe de colère !

BOURDONNET.

C'est ta punition :
Il ne fallait pas faire
De révolution.

TOUS.

Comme il est en colère !
C'est sa punition.
Il ne fallait pas faire
De révolution.

MORIN.

Quand je criais, en uniforme :
Vive la réforme à tout prix !
Je ne voulais qu'une réforme,
Mais je n'ai pas été compris !

REPRISE DE L'ENSEMBLE.

J'étouffe de colère, etc.

ACTE II.

TROISIÈME TABLEAU.

Un salon ; porte au fond, portes latérales.

SCÈNE I.

ROSINE, CLOTILDE, *en toilettes de jeunes mariées et se succédant devant une psyché, au premier plan, à gauche. Ensuite* MORIN, *en costume de noce et lisant un journal, puis* Mme MORIN.

CLOTILDE.

Eh bien ! Rosine, il n'y a plus à s'en dédire... c'est aujourd'hui...

ROSINE.

C'est tout à l'heure que nous allons nous marier.

CLOTILDE, *saluant Rosine.*

Madame Casimir Morin...

ROSINE, *saluant Clotilde.*

Madame la marquise...

MORIN, *entrant de la droite, un journal à la main.*

Oh ! les insensés ! les insensés !

ROSINE.

Une seule chose m'inquiète... Nous marier un treize !... car c'est aujourd'hui le treize juin... Si cela allait nous porter malheur !

CLOTILDE.

Préjugé populaire !

ROSINE.

Et depuis quand es-tu si brave ?

CLOTILDE.

Depuis que je vais être marquise.

MORIN, *à lui-même.*

Après cela, est-elle violée, ou ne l'est-elle pas ?... Le *National* dit oui, mais le *Constitutionnel* dit non.

CLOTILDE.

Comme c'est malheureux pourtant, que ton père soit retenu dans les Pyrénées !

ROSINE.

Nous l'avons attendu deux mois...

CLOTILDE.

Dame ! en voilà bientôt quinze que la révolution l'a porté aux honneurs, et c'est à peine si, en quinze mois, il est venu trois fois à Paris.

MORIN.

Encore, si cet article était suivi de quelques réflexions... Mais non... mon journal écrit toujours sans réflexions.

ROSINE.

Dites donc, madame la marquise, vous ne faites pas attention que, depuis un quart d'heure, vous occupez la psyché.

CLOTILDE.

Moi !

ROSINE.

A mon tour, je serais bien aise de savoir...

CLOTILDE.

Si tu es jolie ?... Eh ! mon Dieu ! ton mari te le dira.

ROSINE.

Deux avis valent mieux qu'un.

CLOTILDE.

AIR : *Vaudeville de Voltaire chez Ninon.*

Tu vois qu'il ne te manque rien :
Ce miroir, plein de courtoisie,
Te dit qu'il te trouve très bien...

ROSINE.

Et qu'il te trouve fort jolie.

CLOTILDE.

Fort jolie !... oh ! c'est un menteur,
Qui cherche à nous tromper, sans doute :
Il ne faut pas croire un flatteur :

ROSINE.

Mais on a beau faire, on l'écoute.

ENSEMBLE.

Mais on a beau faire, on l'écoute.

SCÈNE II.

LES MÊMES, Mme MORIN, *en grande toilette.*

Mme MORIN, *entrant de la gauche.*

M. Morin! M. Morin! voulez-vous m'attacher ma robe?... J'ai une agrafe...

MORIN.

Eh! madame, faites-vous agrafer par votre fille... Vous voyez bien que je suis sérieusement occupé.

CLOTILDE.

Voici, voici, maman.

Mme MORIN.

C'est ce journal qui t'occupe sérieusement?...

MORIN.

Heureuse femme, qui, lorsqu'un grand danger menace la société, ne l'apprend que par sa laitière ou par son porteur d'eau, quand il n'y a plus de remède!

Mme MORIN.

Comment! est-ce qu'un grand danger...

MORIN.

Non... Je ne dis pas... Mais cela serait...

Mme MORIN.

Que pourrais-je y faire?

MORIN.

Mon Dieu! ma pauvre femme, je ne te dis pas de faire des barricades, et encore moins d'aller les enlever... Mais on fait comme moi, on se tourmente, on s'agite, on s'inquiète, on veille...

ROSINE.

Oui, et quand on veille...

MORIN.

On a les yeux rouges, mais on est bon citoyen.

CLOTILDE.

Ah ça, mais, qu'y a-t-il donc?

MORIN.

Il y a, que depuis un an, je voyais petit à petit mes affaires s'améliorer... Dame! ça n'allait pas encore comme sous l'ex-tyran... mais enfin, la rente, qui ne fait d'opposition que lorsqu'elle a peur, était remontée de 50 à 84... ma maison, louée du haut en bas, m'avait permis de faire face à tous les événements... Bref, notre commerce avait repris toute sa prospérité, et j'allais marier mes enfants... lorsque le pouvoir, qui trouve sans doute que cela va trop bien, s'avise, à ce que dit mon journal, de vouloir violer la Constitution!

CLOTILDE *et* ROSINE.

Se peut-il!..

Mme MORIN.

Violer la Constitution!

MORIN.

Eh! mon Dieu! je ne dis pas qu'elle soit parfaite... Chacun a ses défauts... les constitutions surtout... mais enfin, la nôtre, c'est notre bouclier, notre palladium, notre ancre de salut... et les bons citoyens doivent la défendre.

Mme MORIN.

Contre le gouvernement?

MORIN.

Sans doute; nous devons arrêter le pouvoir sur les bords de l'abîme.

Mme MORIN.

Tu as déjà voulu l'arrêter une fois...

CLOTILDE, *à son père.*

Et par quel moyen l'arrêter?

MORIN.

Par une manifestation.

Mme MORIN.

Mais tu en as déjà fait une...

MORIN

Oh! celle-ci sera pacifique...

Mme MORIN.

Mais la première l'était aussi.

MORIN.

Simple conseil au gouvernement... Tu prépareras mon uniforme.

Mme MORIN.

Encore!... Mais c'est donc toujours la même chose?

MORIN.

Oui, le pouvoir est incorrigible.

Mme MORIN.

Je ne sais si c'est lui ou toi.

MORIN.

C'est lui!... Nous nous rassemblons à midi, au Château d'eau.

ROSINE.

A midi!... Ah! mon Dieu! et notre mariage?

MORIN.

Votre mariage est pour onze heures... A onze heures, je vous marie; à midi, je manifeste, et à quatre heures, le repas de noces... Il y a temps pour tout, n'est-ce pas, ma femme?

SCÈNE III.

LES MÊMES, BOURDONNET.

BOURDONNET, *entrant du fond, en toilette.*

Ah! me voilà, moi.

MORIN.

Le premier!

CLOTILDE.

Ah! c'est bien aimable...

BOURDONNET.

Ne me remerciez pas... Je ne fais rien... Ma boutique est un vaste désert, habité par des malles qui n'attendent que les révolutions pour s'animer.

MORIN.

Et elles attendront longtemps... Nous sommes là pour y mettre ordre.

BOURDONNET.

Oh! du moment que tu es là!... Mais que je complimente donc ces demoiselles!... Oh! pardon! ces dames, veux-je dire... En vérité, on n'est pas plus charmantes!

ROSINE.

Bien vrai?

BOURDONNET, *montrant la psyché.*

Regardez...

MORIN.

Dis donc, Bourdonnet, tu sais la nouvelle?

BOURDONNET.

Non...

MORIN.

La Constitution est violée, mon ami.

BOURDONNET.

Bah!..

MORIN.

Certainement, je ne crois pas que le gouvernement ait eu de mauvaises intentions... il a cru bien faire, il a agi de confiance... Mais il est évident qu'en allant à Rome, il a été trop loin...

BOURDONNET.

Eh bien! qu'est-ce que ça me fait?...

MORIN.

Ce que ça te fait?... Il me demande ce que ça lui fait?... Mais, malheureux! si l'on ne prévient pas le pouvoir, si on ne l'avertit pas, si, par de sages conseils, des avis salutaires...

Mme MORIN.

Ah! mon Dieu!

MORIN.

Quoi donc?

Mme MORIN.

J'y pense, à présent!... Ces mousselines de laine que tu as achetées...

MORIN.

Eh bien?

Mme MORIN.

Tu sais que j'étais contre cette acquisition... Et, si maintenant nous avons des troubles... Mais tu ne veux jamais écouter mes conseils!...

MORIN.

Voyez-vous ça!...

Mme MORIN.

Sans doute, tu as cru bien faire; mais si, avant de conclure, tu avais daigné prendre mon avis...

MORIN, *ironiquement.*

Comment donc!... mais, à chaque marché dorénavant, je viendrai te demander tes avis, les avis de ma fille, de Rosine, de Cliquot... Du moment que c'est moi qui me trompe...

Mme MORIN.

Je ne dis pas que tu te trompes souvent... mais il me semble qu'une fois par hasard, un bon conseil...

MORIN.

Des conseils!... Et comment veux-tu qu'un chef de maison puisse faire ses affaires, lorsqu'on lui dit de tous côtés : — « Achetez beaucoup de calicots... n'en achetez qu'un peu... n'en achetez pas du tout... » Comment veux-tu qu'il puisse marcher vers son but, si tous ses actes sont contrôlés, s'il est sans cesse tiraillé à gauche, à droite, en avant, en arrière!... Faites donc quelque chose de bon, d'utile, avec des taquineries, des obsessions, des mauvais vouloirs et des conseils saugrenus!

Mme MORIN.

Mais, mon ami...

MORIN.

AIR : *Aux vacances.*

Je ne veux pas qu'on m'interrompe :
Retenez qu'un chef de maison
Qui croit bien faire et qui se trompe,
Doit alors même avoir toujours raison.
Obéissance au chef, c'est mon système.

BOURDONNET.

Tu n'en es pas un très-bon avocat:
Car ce pouvoir, que tu veux pour toi-même
Tu n'en veux pas pour le chef de l'état.

MORIN.

Ta, ta, ta, ta... Le chef de l'État ne vend pas de calicot.

SCÈNE IV.

LES MÊMES, CLIQUOT, *entrant du fond.*

CLIQUOT.

Pardon, patron... je viens vous demander si, vu la double noce de vos enfants, je ne pourrais pas aller voir ma tante?

MORIN.

Oui, oui, monsieur Cliquot, oui, je vous donne congé pour toute la journée.

CLIQUOT, *à part.*

Ma tante, c'est la manifestation... (*Haut.*) Merci, patron... (*Fausse sortie.*)

MORIN.

Eh bien! où allez-vous donc?

CLIQUOT.

Chez ma pauvre tante...

MORIN.

Ah! oui, très-bien... mais avant, vous passerez chez le glacier, chez le pâtissier.

CLIQUOT, *à part.*

Oh! les patrons! les patrons!... (*Haut.*) Nous disons : chez le glacier...

MORIN.

Un instant!... il est dix heures et demie... voyez si le maire est à la mairie... et venez nous prévenir...

CLIQUOT.

J'y cours... Oh! les patrons!... (*S'arrêtant au fond.*) Ah! messieurs Casimir, Léonce et toute la noce...

CLOTILDE.

Nos maris!

ROSINE.

Enfin!

SCÈNE V.

LES MÊMES, *moins* CLIQUOT, *plus* LÉONCE, CASIMIR, *en tenue de mariés, et toute la noce entrant du fond.*

CHOEUR.

AIR : *Valse d'Ettling.*

Pour {eux / nous} quel beau jour!
Quelle charmante destinée!
Enfin l'hyménée
Va donc couronner {leur / notre} amour.

MORIN.

Mes enfants, allons, dans bras!
Puis, vous embrasserez vos femmes.

ROSINE et CLOTILDE.

Nous embrasser, quel embarras!

CASIMIR et LÉONCE.

Permettez-nous, mesdames.

REPRISE.

Pour eux, etc.

CASIMIR, *à Rosine.*

Vous êtes ravissante...

LÉONCE, *à Clotilde.*

Adorable!...

MORIN.

Toutes les mariées sont comme cela le premier jour.

BOURDONNET.

Oh! ce premier jour est un beau jour!... Ça me rappelle Mme Bourdonnet... comme elle était belle... comme elle était bonne... ce jour-là!...

MORIN.

Et par la suite?...

BOURDONNET.

Ah! par la suite... elle faisait comme toi, elle voulait donner des leçons au Pouvoir.

CASIMIR.

Ne partons-nous pas?

MORIN.

Cliquot est allé voir si le maire est arrivé...

LÉONCE.

Nous ferons bien de nous dépêcher... car les rues sont pleines de monde... on parle d'un mouvement, d'une manifestation...

MORIN.

Oh! ce n'est que pour midi; nous avons le temps.

BOURDONNET.

Diable! mais, si l'horizon politique se rembrunit, je ferai peut-être bien d'aller faire un tour à ma boutique... Je vous rejoindrai à la mairie...

AIR : *Mon cœur à l'espoir s'abandonne.*

Il faut que je m'informe vite
De ces nouveaux événements :
Car par état, moi, je profite
De tous les bouleversements.

MORIN.

Quoi! toujours le même?... oh! quel homme!...
Crois-tu donc, parce qu'il s'agit
De protester contre le sac de Rome,
Que tu vendras des sacs de nuit?

BOURDONNET.

Mais oui, je crois vendre des sacs de nuit.

TOUS.

Il court pour s'informer bien vite
De ces nouveaux événements :
Toujours par état, il profite
De tous les bouleversements.

BOURDONNET.

Il faut que je m'informe, etc.

Il sort.

MORIN.

Impossible de le retenir.

Mme MORIN.

Et Cliquot qui ne revient pas!...

LÉONCE.

Mais je crois que nous ferons bien de ne pas l'attendre...

CLOTILDE.

Le voici...

SCÈNE VI.

LES MÊMES, CLIQUOT.

CLIQUOT, *très-agité.*

Ouf! quelle foule!.. je n'en puis plus!...

MORIN.

Eh bien! le maire?..

CLIQUOT.

Le maire!.. ah! bien oui... la mairie est fermée.

TOUS.

Fermée!..

CLIQUOT.

Le maire est à la Madeleine; l'adjoint à la Bastille, et le portier à la manifestation.

MORIN.

Je vais rejoindre le portier... Ma femme, mon uniforme !...

CASIMIR.

Comment ! pas de maire ?...

CLOTILDE et ROSINE.

Et notre mariage !

LÉONCE, *qui est à la fenêtre.*

Ah ! quelle foule !..

CLIQUOT, *à part.*

C'est ma tante... elle est très-agitée, ma tante...

Mme MORIN, *apportant l'uniforme et les armes.*

Voilà, mon ami...

MORIN, *vivement.*

Pas de sabre !... pas même de giberne !... rien !... que la tunique !...

CLOTILDE.

Ah ! maudite politique !..

MORIN, *à sa femme.*

AIR *de Madame Favart.*

Allons, passe-moi ma tunique.

ROSINE.

Un jour de noce !...

MORIN.

C'est charmant.

LÉONCE.

Quoi ! vous partez ?...

MORIN.

Cela s'explique :
Autrefois le gouvernement,
Quand le péril était immense,
Sauvait la France, et maintenant
Vous voyez que c'est à la France
A sauver le gouvernement.

Ah ! je n'ai pas de mouchoir. (*Il sort un instant à gauche.*)

SCENE VII.

LES MÊMES, BOURDONNET.

BOURDONNET, *accourant.*

Mes amis... je viens vous dire de ne pas compter sur moi ce matin... ma boutique est pleine... je tâcherai d'être libre à quatre heures...

MORIN, *rentrant.*

Là, me voilà prêt...

BOURDONNET.

Que vois-je !..

MORIN.

Ah ! c'est toi !

BOURDONNET.

Où vas-tu ?

MORIN.

A la manifestation.

BOURDONNET.

Es-tu fou ?

MORIN.

C'est toi qui n'es qu'un égoïste.

BOURDONNET.

Tu ne sortiras pas !..

MORIN.

Laisse-moi !..

CRIS *au dehors.*

Vive la Constitution !

MORIN, *courant à la fenêtre*

Oui, mes amis, oui... Vive la Constitution !

BOURDONNET.

Morin, souviens-toi de vive la réforme !

MORIN.

Est-il bête !.. Est-ce que c'est la même chose !.. est-ce qu'on peut nous mettre en république, puisque nous y sommes !...

BOURDONNET.

Ah ! c'est comme ça... Eh bien ! va te promener !

MORIN.

Je ne veux pas faire autre chose... une promenade pacifique, voilà tout.

AIR *de la Retraite.*

Tout bon bourgeois, tout citoyen,
S'il est animé de l'amour du bien,
Quand vient le moment, doit savoir
Donner des leçons au pouvoir.

BOURDONNET.

Ah ! la politique
Trouble aujourd'hui chaque cerveau
Vite ! à ma boutique !

MORIN.

Au Château d'eau !

Tout bon bourgeois, etc.

LES AUTRES.

Tout bon bourgeois, tout citoyen,
S'il est animé de l'amour du bien,
En aucun cas, ne doit vouloir
Donner des leçons au pouvoir

QUATRIEME TABLEAU.

Une chambre de la Pistole à la Préfecture.

SCENE I.

MORIN, *seul, en habit de garde national, coiffé d'un madras et frappant contre la porte de sa chambre en criant :*

Geôlier !.. geôlier !.. Et l'on dit qu'à la Préfecture de police les murs ont des oreilles !... possible, mais les geôliers n'en ont guère. (*Frappant et criant.*) Geôlier ! Geôlier !.... que diable ! dites-moi donc l'heure ! (*A lui-même.*) C'est que je ne sais seulement pas s'il est midi ou minuit... M. le préfet de police fait si mal éclairer ses cachots !.. Un cachot !.. moi, Morin, un homme établi, dans un cul de basse-fosse !.. et ils ont encore l'effronterie de me faire payer ça vingt sous par jour !.. Ingrat pouvoir !... voilà donc comme il récompense ses amis, ses protecteurs, ceux qui veulent l'empêcher de faire des sottises !... Il dit à ça qu'il ne violait pas la constitution, que, quand même il l'aurait violée, ça ne me regardait pas et que je n'avais qu'à rester chez moi... Je t'en souhaite !

AIR : *Une fille et un oiseau.*

Il s'agissait d'affermir,
Auprès de la Madeleine,
La république romaine
Qu'on voulait anéantir.
A la suite de la bande,
Faisant de la propagande,
Honnêtement je demande
Pour tout le peuple romain
Liberté la plus complète,
Et crac ! moi-même on me jette
A la salle Saint-Martin.

C'est même là qu'un de mes compagnons d'infortune m'a emprunté ma montre, sans me prévenir... et, comme il me restait quelques sous, j'ai demandé un cachot... pour moi tout seul, Le Pouvoir me l'a accordé... Il croit peut-être me fléchir par cette basse complaisance !... Non, non, je serai grand comme mon malheur... (*Bruit d'un fort verrou qu'on tire.*) Le geôlier ! (*Il se croise les bras sur la poitrine.*) Soyons digne... Sans doute il m'apporte mon pain noir et ma cruche d'eau... ne faisons pas entendre un murmure.

SCENE II.

MORIN, LE GEOLIER (*Le geôlier parcourt la chambre sans mot dire, regardant sous le lit, sous la table, etc.*

MORIN, *à lui-même.*

Eh bien, qu'est-ce qu'il fait donc? il examine la table, le lit... est-ce qu'il a peur que je n'emporte ses meubles? (*Appelant.*) Geôlier ... (*A lui-même.*) Il ne me répond pas ! (*L'appelant plus fort.*) Geôlier !... (*A lui même.*) M'aurait-on mis au secret?.... (*Criant.*) Geôlier, mais j'ai très-faim, moi !... Vous ne m'entendez donc pas? Je vous demande une cruche d'eau, je vous demande du pain... (*Le geôlier, sans répondre et sans s'émouvoir, sort et referme la porte sur Morin.*)

SCENE III.

MORIN, *seul et épouvanté.*

Ah ! mais, ça commence à devenir très-inquiétant !... Est-ce qu'on voudrait se défaire de moi? est-ce qu'on voudrait me faire mourir de faim, comme le fameux Ugolin!... (*Avec sensibilité.*) Et je n'ai pas mes enfants!.... Oh!.... oh!.... qu'est-ce que je dis là!

SCENE IV.

MORIN, Mme MORIN.

Mme MORIN, *au geôlier qui lui a ouvert la porte.*

Merci, monsieur, merci... vous êtes bien aimable.

MORIN, *l'apercevant.*

Ma femme!...

Mme MORIN.

Mon bon Morin! (*Ils s'embrassent avec effusion.*)

MORIN.

AIR : *Vaudeville de la Haine d'une femme.*

Te voilà donc!... bonheur extrême!

Mme MORIN.

Prêtant l'oreille au moindre bruit,
Hier je t'attendais, et même
Je t'ai cherché toute la nuit.

MORIN.

Oui, ça dut te paraître louche,
Et je comprends ton désespoir;
Mais, je me disais, sur ma couche :
Consolons-nous, si je découche,
Ma femme ne peut m'en vouloir,
Car c'est la faute du Pouvoir :
Ma femme ne peut m'en vouloir,
Car je couche chez le Pouvoir.

Mme MORIN.

J'ai été d'une inquiétude!

MORIN.

Pauvre chérie, va!... il n'y a que deux jours que je t'ai vue, et il me semble qu'il y a trente ans.... Tu ne me trouves pas changé?

Mme MORIN.

Si! un peu maigri...

MORIN.

Encore la faute du Pouvoir... Mais, j'y pense, pour pénétrer jusqu'à moi, qui suis au secret, tu as donc corrompu mes geôliers à prix d'or?

Mme MORIN.

Du tout... Je suis allée à la Préfecture et on m'a accordé tout de suite la permission...

MORIN.

De mourir avec moi!...

Mme MORIN.

Non, de te voir, de t'embrasser... c'est une si bonne chose!..

MORIN.

Une meilleure chose encore, ce serait quelque chose à manger... et si tu pouvais me faire passer en fraude une carafe d'eau filtrée et du pain blanc...

Mme MORIN.

Oh! j'ai mieux que cela à t'offrir...

CLIQUOT, *en dehors.*

Mais laissez-moi donc passer!

Mme MORIN.

Tiens! entends-tu?

SCÈNE V.

LES MÊMES, CLIQUOT, *portant sur sa tête une manne pleine de comestibles.*

CLIQUOT, *à la cantonade.*

Puisqu'on vous dit qu'on a son laissez-passer pour soi et pour sa manne.

MORIN, *à lui-même.*

Cliquot!... mon commis!... qui me voit prisonnier!... Quelle humiliation!..

CLIQUOT, *que madame Morin vient de débarrasser de sa manne.*

Ah! vous voilà, bourgeois... Ce n'est pas trop beau chez vous... vous ne devez pas en avoir pour cher de logement.

MORIN, *avec humeur.*

Parbleu!.. quand on est une victime politique!

CLIQUOT.

Aussi, écoutez donc, bourgeois... c'est un peu notre faute... nous n'avons pas été bien sage... Allons, allons, convenez que nous n'avons pas été bien sage.

MORIN, *se contenant.*

Cliquot!.. M. Cliquot, prenez garde! je vous mettrai dehors!

CLIQUOT.

Et moi, bourgeois, je ne forme qu'un vœu, c'est qu'on en fasse autant pour vous. (*Il a aidé madame Morin à disposer la table qui est presque servie.*) Mais, avant de vous mettre en colère contre moi...

AIR *de Préville et Taconnet.*

Regardez donc, et reprenez courage;
Je vous apporte un déjeuner complet :
Voici d'abord un pâté de Lesage,
Puis, un homard acheté chez Chevet;
Désignant une bouteille de champagne.
Puis, ce flacon.

MORIN, *à table et repoussant la bouteille.*

Halte-là, s'il vous plaît!
Je ne veux pas de champagne.

CLIQUOT.

Ah! j'espère
Que ce bon vin par vous sera goûté.
C'est un captif : or, par humanité,
Débouchez-le, monsieur... c'est un confrère...
Que vous allez rendre à la liberté.

MORIN.

Du tout, du tout, je veux garder mon sang-froid. D'ailleurs, on ne boit pas de champagne quand on est dans les fers.

CLIQUOT, *débouchant la bouteille.*

C'est différent... Alors, moi, qui n'y suis pas, dans les fers...

MORIN, *à sa femme qui lui offre différents mets. —Lui désignant un objet enveloppé dans un journal.*

Qu'est-ce que c'est que ça?

Mme MORIN.

Une langue, que ton ami Bourdonnet m'a apportée ce matin, pour toi... Il sait que tu l'aimes...

MORIN, *vivement.*

Un journal!.. celui d'aujourd'hui!... donne donc!... Ah! je vais donc savoir ce qui s'est passé sur le boulevard, après que nous avons été coupés en deux!

Mme MORIN.

Tu dois le savoir, toi, qui étais à la tête de la manifestation.

MORIN.

Du tout... j'étais à la tête de la queue. (*Il a déplié le journal et lit.*) « Nouvelles diverses. — L'état de l'atmosphère... » Ça m'est bien égal... « L'état des esprits... » Ça ne me regarde pas. « L'état de siége, qui vient d'être décrété...» Tiens! Paris est en état de siége!..

CLIQUOT.

Ah! dame! maintenant faut mettre de l'eau dans son vin... (*Se servant à boire.*) Politiquement parlant.

MORIN, *qui lisait.*

Que vois-je!... mon nom!... le journal qui parle de moi!

Mme MORIN.

Pas possible!

MORIN, *avec joie.*

Oui, oui, ma femme!... dès aujourd'hui, mon nom appartient à l'histoire!

CLIQUOT, *à lui-même.*

Quelle histoire!

MORIN, *lisant.*

« Un sieur Morin, marchand de nouveautés, rue Saint-Martin, numéro 104, se trouve au nombre des personnes arrêtées...» (*S'interrompant.*) Oui, oui, et j'en suis fier... (*Lisant.*) « C'est un imbécile politique... »

CLIQUOT, *lui offrant un verre.*

Avalez ça, bourgeois...

MORIN, *lisant.*

« Une espèce de fou, qui n'est pas dangereux, et que le Pouvoir s'empressera de lâcher immédiatement. »

CLIQUOT, *avec enthousiasme.*

Vive la république!

MORIN, *accablé.*

Oh!... les infâmes! dire que je ne suis pas dangereux!... dire que je suis un fou, un imbécile!...

CLIQUOT.

Tiens! voilà du monde!

MORIN.

Des gendarmes?... tant mieux.

SCENE VI.

LES MÊMES, BOURDONNET, CASIMIR.

CHOEUR.

AIR : *Vivent les amours qui toujours.*

BOURDONNET.

C'est Bourdonnet, ton vieil ami,
Qui peut enfin te revoir, Dieu merci !
Ah ! qu'il est bon, ah ! qu'il est doux
De s'embrasser, même sous les verroux !

CASIMIR, Mme MORIN.

C'est Bourdonnet, c'est ton ami,
Qui peut enfin, etc.

MORIN.

Eh quoi ! le pouvoir a permis ?...

TOUS.

Que nous fussions avec vous/toi réunis.

MORIN.

Quelle douce réunion !

BOURDONNET.

Du cœur, c' st la manifestation.

REPRISE.

C'est Bourdonnet, etc.

MORIN, *ému.*

Bourdonnet !... (*A sa femme et à Casimir.*) Mes amis !... Oh ! je pleure ! (*Se retournant tout à coup avec inquiétude.*) Le geôlier ne m'a pas vu pleurer ?

BOURDONNET.

Non, non, nous sommes en famille...

MORIN.

Ah ! mon ami, que je te remercie d'être venu voir une pauvre victime !

BOURDONNET.

Victime ?... tu te fais trop d'honneur... Je suis venu voir un pauvre fou...

MORIN.

Ah ! te voilà !... tu parles comme cet odieux journal !...

BOURDONNET.

Ce journal ?...

MORIN.

Oh ! si je connaissais le perfide ennemi qui a osé faire imprimer...

BOURDONNET.

Ce n'est pas un ennemi, c'est un ami... c'est moi.

MORIN.

Toi !

BOURDONNET.

Eh ! sans doute; il fallait bien obtenir ta grâce et faire lever ton écrou... Il est levé... Viens, partons.

MORIN.

Comment ! partons !

BOURDONNET.

Eh ! oui, tu es libre.

MORIN.

Libre !... Ah ! l'on croit qu'on se débarrassera d'un adversaire politique en le ridiculisant, en le calomniant !... Eh bien ! non ! ils m'ont mis en prison, et j'y reste !

Mme MORIN.

Mais, mon ami...

CASIMIR.

Mais, mon père...

MORIN.

Des juges !... Il me faut des juges !

BOURDONNET.

Mais veux-tu bien sortir !...

MORIN.

Non ! Je demande des juges !

CLIQUOT, *à lui-même.*

Vieille mule de patron !

BOURDONNET.

Ah ! tu ne veux pas t'en aller !

MORIN.

Non ! non ! non ! non ! non !...

BOURDONNET.

C'est ce que nous allons voir ! (*Il sort.*)

Mme MORIN.

Voyons, mon ami, sois raisonnable...

MORIN.

Mais comprends donc qu'on m'a traité de fou et que je ne dois pas sortir d'ici sans jugement... Tu verras comme je serai beau... Je foudroierai mes juges... Je ferai trembler l'auditoire... Va me chercher un juge d'instruction... des gendarmes... Qu'on m'emmène !

CLIQUOT.

Des gendarmes ?... Ah ! patron, vous êtes servi à souhait... Voici la garde.

MORIN.

La garde ! Ah ! enfin !

SCENE VII.

LES MÊMES, BOURDONNET, LA GARDE.

BOURDONNET, *à la garde.*

Emparez-vous de cet homme !

MORIN.

Merci, Bourdonnet, merci ! (*A la garde.*) Messieurs, marchons !... au palais de Justice !

BOURDONNET.

Non pas !... rue Saint-Martin, n° 104 !

MORIN.

Au magasin !... C'est à mon magasin qu'on me conduit !... (*Criant et se démenant.*) Je proteste !... Des juges !... Prenez ma tête !...

ENSEMBLE.

AIR *de Couder.*

MORIN.

Gendarmes, écoutez, de grâce !
Je suis un républicain.
Ici, je suis à ma place.
Que m'importe mon magasin !
C'est en vain (4 fois.)
Qu'on me parle de magasin !

LES AUTRES.

Ne l'écoutez pas, de grâce !
On l'attend au magasin,
Et quo', qu'il dise ou qu'il fasse,
Menez-le quartier Saint-Martin.
C'est en vain. (4 fois.)
Qu'il tranche du Républicain.

On emmène Morin. Mme Morin et Bourdonnet suivent les Gendarmes avec Casimir : Cliquot court s'emparer du vin et des vivres oubliés sur la table; mais au moment où il va sortir le dernier, la porte se ferme.

CLIQUOT, *effrayé et criant.*

Cordon, s'il vous plaît !... (*La toile tombe.*)

ACTE III.

CINQUIÈME TABLEAU.

Une salle d'élections.

SCÈNE I.

DEUX GARÇONS DE BUREAU, *disposant une table longue.*

1er GARÇON.

Bon... voilà déjà la table disposée... Là, au milieu, le fauteuil du président.

2me GARÇON, *posant sur la table une boîte en sapin.*

A c't'heure, l'accessoire indispensable... En v'là-t-il une boîte qui a reçu des bulletins, depuis deux ans !... On peut dire qu'elle en a vu de toutes les couleurs.

1er GARÇON, *plaçant des chaises autour de la table.*

Un lieutenant de la garde nationale, qui est très-spirituel, disait que c'était la boîte de Pandore... C'est un bien joli mot... Je n'ai pas compris, mais c'est un bien joli mot... Dis-moi, tu as posé l'affiche?

2me GARÇON.

Oui ! oui !... La voici ! (*Il indique une affiche posée contre le mur.*)

1er GARÇON, *lisant.*

Ah ! bien... « Préfecture de la Seine... 10 mars 1850... Elections de trois représentants du peuple. »

2me GARÇON.

Là!... On peut commencer la chose... (*Regardant le cadran.*) Huit heures moins un quart...

1er GARÇON.

Oh! nous allons voir arriver les chauds, les enragés...

2me GARÇON.

Ceux qui restent ici toute la journée, pour surveiller l'opération.

1er GARÇON.

Et qui passent encore la nuit en faction près de la boîte... Ah! ah! ah!...

SCÈNE II.

LES MÊMES, MORIN, MONTORGUEIL.

MORIN, *en dehors.*

Eh bien! personne encore?

1er GARÇON.

Ah! déjà!

MORIN, *entrant et parlant à la cantonade.*

Attendez-nous là, vous autres... vous entrerez, quand je vous ferai signe.

MONTORGUEIL.

Je vous disais bien que nous arriverions les premiers.

MORIN.

Tant mieux, c'est toujours ainsi que j'arrive... est-ce qu'il ne faut pas surveiller la composition du bureau!... (*Prenant la boîte et la secouant.*) Il n'y a rien là dedans?... Il n'en est pas resté de la dernière fois?

1er GARÇON.

Ah! non, monsieur!

MORIN.

C'est que je me défie de la gabegie, moi... D'abord, règle générale, chaque fois que le gouvernement l'emporte dans les élections, il y a de la gabegie.

MONTORGUEIL.

Oh! ça, toujours.

2me GARÇON.

Et quand c'est l'opposition qui l'emporte?

MORIN.

Alors, c'est différent, il n'y a pas de gabegie.

MONTORGUEIL.

Jamais!

MORIN.

N'est-ce pas?... Avouez, Montorgueil, que c'est une belle chose que de voir deux bourgeois comme nous, riches tous les deux... Vous êtes plus riche que moi, mais enfin, je suis à mon aise aussi... Et pourtant, nous voilà les premiers au rendez-vous général... Nous venons surveiller les agents du pouvoir, nous venons défendre les intérêts du peuple!

MONTORGUEIL.

Dites plus encore!... Nous venons fonder l'alliance de la bourgeoisie et du prolétariat!

MORIN, *avec force.*

Oui!

MONTORGUEIL.

Pour voir sortir de l'urne la liste de l'opposition, je donnerais ma fortune!

MORIN.

Qu'on dise encore que les bourgeois sont des égoïstes!... Enfin, moi, j'ai marié mes enfants, ma fille est marquise, mon fils est le gendre d'un ex-commissaire extraordinaire, maintenant sous-préfet. Je pourrais me retirer des affaires... vivre tranquille... eh bien, non, je sens que je me dois aux opinions pour lesquelles je fus persécuté... Car, tel que vous me voyez, je suis un ancien détenu politique... J'ai pourri dans les cachots... J'ai été au secret comme Sylvio Pellico.

MONTORGUEIL.

AIR : *Du luth galant.*

A cet énergique discours,
Je reconnais un bourgeois de nos jours.

MORIN.

Quel que soit le pouvoir, vainement il m'implore.
C'est l'opposition que le bourgeois adore;
Nous en faisions jadis, nous en faisons encore,
Nous en ferons toujours.

ENSEMBLE.

Nous en ferons toujours.

1er GARÇON.

Ah! voilà M. le président du bureau.

MORIN.

Tiens! c'est mon voisin Bertaut qui est président.

SCÈNE III.

LES MÊMES, LE PRÉSIDENT, *et les autres membres du bureau.*

BERTAUT.

Que vois-je!... Déjà ici, messieurs?... même avant nous!

MORIN, *sévèrement.*

Pardon, M. Bertaut... Partout ailleurs, je vous dirais : Bonjour, mon cher voisin, comment ça va-t-il?... Mais ici, je dois vous dire : Citoyen président, qui est-ce qui compose le bureau?

BERTAUT.

Eh! mais... ces messieurs et moi.

MORIN.

Très-bien.

MONTORGUEIL, *bas à Morin, pendant que les membres du bureau vont se mettre à leur place.*

Quels sont ces messieurs?

MORIN.

De très-honnêtes gens... honnêtes... mais modérés.

MONTORGUEIL.

Il faut se méfier.

MORIN.

Si je me méfie!... Vous allez voir comme je me méfie... (*Au bureau.*) Messieurs, la loi donne le droit d'être scrutateurs à l'électeur le plus jeune et à l'électeur le plus vieux de l'arrondissement... Or, dans l'intérêt des opinions démocratiques que je représente...

MONTORGUEIL.

Que nous représentons...

MORIN.

Que nous représentons, Monsieur et moi... je me suis procuré les deux échelons extrêmes de l'échelle électorale, et je réclame l'exécution de la loi.

BERTAUT.

Rien de plus juste, Monsieur Morin.

MORIN, *allant au fond.*

Approche, Cliquot.

SCÈNE IV.

LES MÊMES, CLIQUOT.

CLIQUOT.

Vous m'appelez, patron?

MORIN.

Ici, je ne suis plus patron... Nous sommes tous égaux... et je t'ordonne de montrer à ces messieurs ton petit passeport... (*Se reprenant vivement.*) Non, je veux dire, ton acte de naissance... Vous voyez, messieurs, 21 ans et un mois... C'est tout ce qu'on peut trouver de plus jeune dans ce genre-là...

MONTORGUEIL, *lui serrant la main.*

Je vous comprends, mon ami, c'est très-bien.

MORIN.

Pas de gabegie!... Allons, Cliquot, prends place au bureau et scrute... Scrute, mon garçon, scrute.

BERTAUT.

Pardon... Faites entrer M. Pastoureau... (*Entre un tout jeune homme, un papier à la main.*) Voyez, M. Morin, 21 ans et un jour... Si vous pouvez en fournir un, ayant vingt et un an et une heure...

MORIN, *furieux, à Cliquot.*

Ah ça, tu n'es donc bon à rien!...

CLIQUOT.

Mais, permettez...

MORIN.

Allons, va-t'en, puisque tu n'es bon à rien! à c'te boutique...

CLIQUOT, *s'approchant de l'autre jeune homme et avec mépris.*

Moutard, va!

LE JEUNE HOMME.

Plaît-il?

CLIQUOT, *très-respectueux.*

Citoyen, je vous salue. (*Il sort.*)

MONTORGUEIL, *bas.*

Ils avaient pris leurs précautions... L'intrigue, toujours l'intrigue!...

MORIN.

Minute!... J'aurai ma revanche. (*Aux garçons.*) Mes amis, veuillez amener ici la personne qui attend au dehors...

MONTORGUEIL.

Vous en avez un plus jeune?

MORIN.

Vous allez voir, vous allez voir. (*Ici, paraît au fond un vieillard soutenu par les deux garçons.*) (*Musique.*)

MONTORGUEIL.

Ah! mon Dieu!

MORIN.

Messieurs, j'ai l'honneur de vous présenter M. Narcisse Lejeune... (*Les deux garçons l'introduisent.*) Oh! pas si vite!... des précautions, fichtre!.. Regardez-moi ça, messieurs... 99 ans, cinq mois et huit jours... (*Retirant de la poche du vieillard son acte de naissance.*) Ancien mousquetaire rouge... Il n'est plus mousquetaire, mais il est toujours rouge.

MONTORGUEIL.

Ah! monsieur est un ancien militaire?

MORIN.

Complétement retiré du service... Ancien galant de la Sophie Arnould... encore plus complétement retiré du service... (*Aux garçons.*) Prenez-le, et posez-le avec soin au bureau.

BERTAUT.

Un instant!.. (*Musique.*) (*Montrant un autre vieillard, qu'on apporte sur un fauteuil, et prenant la liste des électeurs*) Un instant, M. Morin!... M. le baron de Roquencourt, ancien page de Louis XV, né à Paris le 10 mars 1750.

MORIN, *furieux.*

Je proteste!... C'est un faux vieillard!... C'est le gouvernement qui l'a grimé!... (*Au vieillard.*) Fi!... vous devriez être honteux, jeune homme, de jouer un pareil rôle!

BERTAUT, *riant.*

A une autre occasion!... M. Morin... Huit heures, messieurs, en place!...

MORIN.

Eh bien! puisqu'il doit y avoir de la gabegie, je ne sors pas d'ici!..

MONTORGUEIL.

Et j'y reste avec vous.

SCÈNE V.

LES MÊMES, *plusieurs électeurs, ensuite* MORIN, CLIQUOT.

CHOEUR.

AIR *de Couder.*

Dépêchons-nous, pas de paresse;
Car voici l'heure du scrutin:
Qu'entre leurs mains chacun s'empresse
De déposer son bulletin.

MONTORGUEIL, *à part.*

Travaillons l'électeur. (*Haut, à Morin.*) A propos, M. Morin, vous ne savez pas ce qui se passe?

MORIN.

Quoi donc?

LES ÉLECTEURS, *se rapprochant.*

Quoi donc, messieurs?

MONTORGUEIL.

C'est décidé.

UN ÉLECTEUR.

Mais quoi?

MONTORGUEIL.

Le coup d'état, parbleu!

MORIN.

Le coup d'état, dont on parlait dans mon journal?...

CLIQUOT.

Le coup d'état, dont on parlait dans mon estaminet?

TOUS.

Eh bien?

MONTORGUEIL.

Toutes les mesures sont prises par le gouvernement... Si la liste blanche sort de l'urne, toute la France est mise en état de siége, toutes les boutiques sont fermées, on ne sort plus de chez soi sans un passe-port et sans un gendarme.

CLIQUOT.

Quel machiavélisme!

LES ÉLECTEURS.

C'est horrible!

MONTORGUEIL.

Ce n'est rien encore.

AIR *de Julie.*

Pour nous réduire à l'esclavage,
Mille moyens sont innovés;
Bientôt le macadamisage
Remplacera tous les anciens pavés.

CLIQUOT.

Mais, ces pavés enl'vés à nos prom'nades
Qu'en fera-t-on?

MONTORGUEIL.

En cas d'événement,
On dit que le gouvernement
Veut en faire des barricades.

CLIQUOT.

Des barricades contre nous!... est-ce croyable?

MORIN.

Si c'est croyable?... Mais, jeune sourd que tu es, tu n'as donc pas entendu toute la nuit de grosses voitures passer rue Saint-Martin?

CLIQUOT.

De grosses voitures?... oui... eh bien?

MONTORGUEIL.

C'était de la poudre.

TOUS LES ÉLECTEURS.

De la poudre!

CLIQUOT.

Vous en êtes bien sûr?

MONTORGUEIL.

Parbleu!

UN ÉLECTEUR.

Mais pourquoi cette poudre?

CLIQUOT.

Oui, quelle est l'intention du Pouvoir?

MONTORGUEIL.

Je vous l'ai dit, de faire un coup d'état... de déplacer le siége du gouvernement et de transférer Paris à Pontoise.

MORIN.

A Pontoise?

CLIQUOT.

Avec les veaux!

MORIN.

A présent, je comprends, je devine tout... on veut se venger des bourgeois, ruiner la bourgeoisie!

TOUS LES ÉLECTEURS, *qui se sont groupés.*

Mais c'est abominable!

SCÈNE VI.

LES MÊMES, BOURDONNET, *qui s'arrête au fond.*

MORIN.

Aussi, mes amis, il faut encore donner une leçon au Pouvoir, et je commence... (*Allant au bureau.*) Je veux que le premier bulletin de l'opposition...

BOURDONNET, *lui arrêtant le bras.*

Ah! ah! déjà ici... tu votes?

MORIN, *fièrement.*

Je règne et gouverne!

BOURDONNET.

Toi, tu gouvernes?

MORIN, *fièrement.*

Aujourd'hui, l'État c'est nous!... le vrai Louis XIV, le voilà!

AIR *du Piége.*

Le pouvoir doit être à présent
Aux mains de ceux qui le font vivre:
L'opinion doit marcher en avant,
Et le gouvernement doit suivre.

BOURDONNET.

Ah! je comprends tes vœux et tes projets:
Du char de l'état tu veux te faire
Un d' ces nouveaux cabriolets
Dont le cocher est par derrière.

MORIN, *aux autres.*

Ne faites pas attention, messieurs, c'est un layetier, qui n'entend rien aux affaires publiques...

BOURDONNET.

Ah ça, tu es donc incorrigible !.... Comment, messieurs, voilà un homme qui a une famille, un bel établissement, du crédit !... qui a peur des révolutions, qui les déteste, qui n'en veut pas !... et qui s'en va comme un niais...

MORIN, *haussant les épaules.*

Comme ça raisonne !... Enfin, que voulez-vous, c'est un layetier... il fait ce qu'il peut... (*Saisissant le bras de Bourdonnet.*) Mais, insensé ! c'est justement parce que je me dis ce que tu me dis, que je fais ce que je fais... Tiens, regarde, voilà monsieur, qui est établi comme moi, qui est plus riche que moi... et qui vote comme moi !...

BOURDONNET.

Dam ! c'est possible... ça ne me regarde pas... Je n'ai pas l'honneur de connaître...

MORIN.

Monsieur Montorgueil, un de nos premiers fabricants de...

BOURDONNET.

Montorgueil ?... rue de...

MORIN.

Parbleu !... Eh bien, il vote contre le pouvoir !

BOURDONNET.

Ah ! mais, monsieur, c'est différent... monsieur a raison, monsieur fait bien...

TOUS.

Comment?

BOURDONNET.

Monsieur doit aimer les révolutions... ou il serait bien ingrat...

MONTORGUEIL.

Plaît-il ?

BOURDONNET, *à Montorgueil.*

Si j'ai bonne mémoire... et au besoin, je pourrais consulter certains papiers... la révolution de dix-huit cent trente est arrivée à propos pour vous...

MONTORGUEIL.

Que voulez-vous dire ?

BOURDONNET.

Il y a deux ans, si je ne me trompe, le vingt-deux février, tous vos bagages étaient prêts, une chaise de poste avait été achetée par vous... Trois jours encore, et l'on apprenait qu'une riche maison venait de faire faillite...

MONTORGUEIL.

Monsieur !

BOURDONNET.

Mais la révolution éclata et la chaise de poste fut remisée...

MONTORGUEIL.

Oseriez-vous dire...

BOURDONNET.

Je veux dire que, si les élections nouvelles ne justifient pas la ruine qui vous menace de nouveau, dans un mois la chaise de poste reparaîtra...

MONTORGUEIL.

C'est une calomnie !

UN ÉLECTEUR.

Non, c'est vrai !

TOUS.

C'est vrai !

BOURDONNET, *à Morin.*

AIR : *Un jeune Grec.*

Tu vois un de ces commerçants
Aux prospérités mensongères,
Qui veulent noyer en tout temps
Leur embarras dans nos misères.
Pour eux, le calme est un malheur,
Mais, quand la révolte commence,
S'ils s'y jettent avec ardeur,
C'est pour cacher leur déshonneur
Sous les ruines de la France !

MONTORGUEIL, *à Bourdonnet.*

Monsieur, vous me rendrez raison !

TOUS.

A la porte !

BERTAUT.

Silence, messieurs !

MONTORGUEIL.

Je sors, mais...

CLIQUOT, *le poursuivant.*

Si j'ai un conseil à vous donner, c'est d'aller voter à Bruxelles !

SCÈNE VII.

LES MÊMES, *moins* MONTORGUEIL.

BOURDONNET.

Eh bien, Morin, qu'en dis-tu ?

MORIN.

Eh bien !... eh bien !... c'est un gredin...

BOURDONNET.

Ah !

MORIN.

Mais qu'est-ce que ça prouve ?... Ça empêche-t-il le coup d'état?

BOURDONNET.

Encore?

MORIN.

Ça empêche-t-il le gouvernement d'aller à Pontoise ?... ça empêche-t-il les voitures de poudre de se promener la nuit ?... Ça empêche-t-il le macadamisage ?... ça empêche-t-il le pouvoir d'aller à l'abîme ?...

BOURDONNET.

Encore l'abîme !... Tout à l'heure c'était Pontoise, et maintenant c'est l'abîme... Ah ça, est-ce l'abîme ou Pontoise ?

MORIN, *criant.*

Messieurs !... Je suis un ancien détenu politique !

BOURDONNET, *riant.*

Ha ! ha ! ha ! détenu d'une heure !

MORIN.

Messieurs, j'ai pourri dans les cachots !... J'ai le droit de voter contre le gouvernement !

AIR de *Haydée.*

MORIN ET LES AUTRES.

Honte au ministère !
Je veux hardiment
Déclarer la guerre
Au gouvernement !
La guerre !
La guerre ! etc.

LE BUREAU.

Pauvre ministère !
Mais pourquoi, vraiment,
Faire ainsi la guerre
Au gouvernement ?

SIXIÈME TABLEAU.

La boutique de Bourdonnet.

SCÈNE I.

BOURDONNET, SES GARÇONS, CHALANDS, *en costume de voyage.*

(*Au lever du rideau, le plus grand mouvement règne dans la boutique. Les chalands s'arrachent les malles, les sacs, etc. Bourdonnet va de l'un à l'autre et ne sait auquel entendre. Reproduction du tableau animé du magasin de Morin, au 1er acte.*)

CHOEUR.

AIR : *Son de la trompette : les Marraines de l'an III.*

Vite ! le temps passe !
Il nous tarde de partir !
Hâtez-vous, de grâce,
Hâtez-vous de nous servir !

PREMIER CHALAND.

Donnez-moi cette valise !

UNE DAME.

Vite, une caisse à chapeau !

DEUXIÈME CHALAND.

Cette malle m'est promise !

TROISIÈME CHALAND.

A moi ce porte-manteau !

BOURDONNET, *hors de lui.*

Prenez ! payez !... Quelle fête !
Je n'sais où j'en suis vraiment !
Faut-il que j'perde la tête,
Quand je gagne tant d'argent !...

CHOEUR.

Vite, le temps passe, etc.

1er CHALAND.

Mais, monsieur, vous allez me faire manquer le chemin de fer!... je veux être ce soir en Belgique!

2e CHALAND.

Et moi, demain, à Londres!... J'arriverai trop tard pour le paquebot!

LA DAME.

Commissionnaire!... portez vite cela chez moi!

1er CHALAND.

Commissionnaire!... deux francs à gagner!

2e CHALAND.

Cocher!... enlevez cette malle!

BOURDONNET.

Messieurs!... mesdames!... votre monnaie!

1er CHALAND.

Je n'ai pas le temps!

2e CHALAND.

C'est pour le garçon!

BOURDONNET, *jetant l'argent dans un carton à chapeau.*

Encaissé!

REPRISE DU CHOEUR.

Vite! le temps passe!
Il nous tarde de partir!
Pays qu'on menace,
A jamais il faut te fuir!

SCÈNE II.

BOURDONNET, SES GARÇONS.

BOURDONNET, *tombant épuisé sur une malle.*

Ah!... j'ai la tête brisée!... Fermez la boutique!... Je demande une demi-heure de repos!... (*Seul.*) Voilà l'effet des élections!... L'opposition triomphe, sa liste a passé tout entière... Résultat pour la maison Bourdonnet : 36 malles, 60 sacs de nuit, 200 valises, un nombre illimité de cartons à chapeau, fourreaux de parapluies et autres ustensiles de la frayeur.. Total... (*Secouant le carton plein d'argent.*) Ceci!

SCÈNE III.

BOURDONNET, MORIN.

MORIN, *entr'ouvrant une porte de côté.*

Tu es seul?

BOURDONNET, *courant à lui et se jetant dans ses bras.*

Morin! Ah! te voilà donc!... généreux ami... qui as voté pour moi!

MORIN, *avec humeur.*

Oh! Bourdonnais, je te prie en grâce de ne pas me parler d'élection, de politique... Si tu as quelque amitié pour moi, je te supplie...

BOURDONNET.

Comment! tu n'es pas content?... Tu triomphes... puisque tu as voté pour...

MORIN.

Tu veux que je m'en aille?... Adieu.

BOURDONNET.

Mais non, reste!

MORIN.

A la bonne heure!... (*Lui tendant tristement la main.*) Ça va bien? (*Il regarde autour de lui.*)

BOUDONNET, *à part.*

Ah ça, mais, il est lugubre ce matin!

MORIN, *distrait.*

Ça va bien?

BOURDONNET.

Enormément bien!.. Depuis que tu as vo...

MORIN, *s'en allant.*

Bonjour!

BOURDONNET, *le ramenant.*

Reste donc!... Comment! je ne peux pas te dire que j'ai beaucoup vendu aujourd'hui?

MORIN.

Après?... Qu'est-ce qu'il y a d'étonnant?... Est-ce que tu n'es pas le premier layetier de Paris?

BOURDONNET.

Je le veux bien... mais, avant-hier j'étais déjà...

MORIN.

Je te dis que tu es le premier layetier de Paris!... (*Frappant sur une malle.*) Dans quelle maison as-tu vu établir des malles comme celle-ci?... (*La retournant dans tous les sens.*) C'est bien fait, ça... c'est solide... c'est bon... (*D'un air indifférent.*) Combien vends-tu ça?

BOURDONNET.

Avant-hier, vingt-cinq francs.... aujourd'hui, quarante... La malle est en hausse.

MORIN, *qui s'est agenouillé et a ouvert la malle, dont il examine l'intérieur.*

Ah! ah! il y a un double fond... oui, ma foi... On peut fourrer là dedans des valeurs... des rouleaux...

BOURDONNET, *étonné.*

Est-ce que, par hasard, tu voudrais acheter...

MORIN.

Bien!.. Voilà que tu vas supposer tout de suite des choses... Je ne peux donc pas te demander, en ami : Combien vends-tu ça, sans que tu me cries aussitôt...

BOURDONNET.

Je ne crie pas!

MORIN.

On pourrait t'entendre, et croire... (*Revenant à son idée.*) Eh bien! quarante francs, ce n'est pas trop cher..

BOURDONNET.

Dame! c'est le taux... depuis que...

MORIN.

Quand je dis que ce n'est pas trop cher... Eh! eh!.. l'homme qui achète cette malle est forcé de prendre aussi...

BOURDONNET.

Un sac de nuit... c'est indispensable.

MORIN.

Tu vois bien... ce malheureux homme est dans la nécessité de prendre un... Sont-ils bien, tes sacs de nuit?..

BOURDONNET.

Voilà un échantillon; examine.

MORIN, *examinant le sac.*

Oui, ma foi, très-bien... (*Montrant Bourdonnet.*) Il n'y a que ce gaillard-là en Europe pour vous coudre un sac de nuit avec cette distinction... Tiens! une poche!.. c'est très-commode... on peut encore fourrer là dedans bien des petites affaires... des rasoirs... des petits bâtons de chocolat... des... Combien ce sac?

BOURDONNET.

Pour toi?

MORIN.

Ah ça, qu'est-ce qu'il te prend donc?...

BOURDONNET.

Dame! c'est tout simple... dans la situation politique, qui est le résultat de ton...

MORIN.

Est-ce que je te parle politique, moi?.. je te parle sac de nuit!.. Combien ce sac, Bourdonnet, combien ce sac?

BOURDONNET.

Avant hier, douze francs... Aujourd'hui, dix-huit.

MORIN.

Dix-huit francs! dix-huit francs!.. Ce n'est pas une raison pour supposer... Tiens, c'est comme si je te demandais si tu as de ces... tu sais bien... de ces grandes bottes fourrées...

BOURDONNET.

Certainement.

MORIN.

Très-bien... (*S'oubliant.*) J'en prendrai aussi une paire.

BOURDONNET, *avec exclamation.*

Ah!.. je t'y prends!..

MORIN.

Hein?..

BOURDONNET.

Tu as dit: je prendrai!..

MORIN, *éclatant.*

Eh bien! oui!.. cent millions de fois, oui!.. Je pars, je m'en vas, j'émigre!.. je fuis cette patrie du désordre, de l'anarchie, du gâchis! j'abandonne cette nation ingouvernable!.. ce pays où les imbéciles, qui ont le plus besoin d'ordre, de tranquillité, sont les premiers à tout bouleverser!..

BOURDONNET.

Ah! bravo!.. ah! pour le coup, bravo!.. Mais où vas-tu?

MORIN.

Je ne sais pas!

BOURDONNET.

A Bruxelles?

MORIN.

Pas assez loin!

BOURDONNET.

A Londres?

MORIN.

Pas encore assez loin!.. Je veux aller au Kamchatka, à Tombouctou, en Océanie!.. Donne-moi des bottes fourrées!

BOURDONNET.

Mais pourquoi?

MORIN, *criant.*

Parce qu'ils sont nommés!

BOURDONNET.

Pourquoi les as-tu nommés?

MORIN.

Je les ai nommées, je les ai nommés... pas pour qu'ils fussent nommés!.. Entendons-nous bien!

BOURDONNET.

Comment?

MORIN.

Je me disais: mon vote sera un avertissement, une leçon au pouvoir... Quand il lira mon bulletin, le gouvernement se dira: Eh! eh! il faut faire attention à ça, il faut prendre garde... Mais est-ce que je pouvais me douter que les autres allaient faire ce que j'ai fait?

BOURDONNET.

Ah! ah! ah! Mais puis qu'ils ont...

MORIN.

Ce sont des imbéciles!

BOURDONNET.

Mais puisqu'ils ont fait comme toi...

MORIN.

Ce sont des crétins!

BOURDONNET.

Mais puis que tu as fait comme eux, c'est toi qui es...

MORIN.

Oui! je suis un crétin! oui, je suis une huître!... Appelle-moi melon! .. et donne-moi des bottes fourrées pour m'en aller au Kamchatka... Je veux des bottes fourrées!

BOURDONNET.

Ah! ma foi! comme tu voudras... Tiens, là, dans l'arrière-boutique...

MORIN.

Adieu!

AIR : *Vaud. des Frères de lait.*

Va, je te livre à tes destins contraires,
Triste pays, aujourd'hui détesté!

BOURDONNET.

Tu veux, tu peux, abandonner tes frères!...

MORIN.

Mes frères!... Quoi! n'avez-vous pas doté
Tout l'univers de la fraternité?
Si vos chansons sont franches et sincères,
Du Kamchatka je franchis les confins :
Puisque...
(*Changeant l'air.*)
Pour nous les peuples sont des frères,
(*Reprenant le premier air.*)
J'y trouverai pour le moins des cousins!
Puisque pour nous les peuples sont des frères,
Au Kamchatka je vais voir mes cousins!
Je vais, là bas, retrouver mes cousins!

Il se précipite dans l'arrière boutique en emportant la malle et le sac.

SCÈNE IV.

BOURDONNET, *puis* Mme MORIN, LÉONCE, CLOTILDE, CASIMIR *et* ROSINE.

BOURDONNET.

Les voilà tous! taquins d'abord, vexés ensuite... (*On frappe à la porte à coups redoublés.*) Ah! mon Dieu! qu'est-ce que c'est? (*Il ouvre, toute la famille Morin entre.*)

Mme MORIN.

Il n'y est pas!

ROSINE.

Mon Dieu! qu'est-il devenu?

BOURDONNET.

Qui?

CASIMIR.

Eh! parbleu! mon père!...

LÉONCE.

Qui est parti comme un fou!...

CLOTILDE.

En prononçant des paroles, qui nous ont effrayés!...

LÉONCE.

Dès qu'il a connu le résultat des élections!...

BOURDONNET.

Rien que pour ça?

Mme MORIN.

Hélas! non... il venait de lire ce journal qui donne une liste de commerçants ayant voté avec l'opposition...

BOURDONNET.

Ah! je comprends maintenant... Eh bien, rassurez-vous, je sais où il est...

ROSINE.

Où donc?

BOURDONNET.

Au Kamchatka.

TOUS.

Au Kamchatka!

BOURDONNET.

Ou peu s'en faut... Tenez, voyez...

SCÈNE V.

LES MÊMES, MORIN.

(*Morin entre, couvert d'un paletot en peau d'ours, chaussé de bottes fourrées, coiffé d'un de ces bonnets de voyage qui encadrent le visage, portant son sac d'une main, et de l'autre traînant sa malle.*)

TOUS.

Que vois-je!

CLOTILDE.

Mon père!

MORIN.

Ma fille!... ma femme!... mon gendre! ah! vous venez de m'ôter tout mon courage!... (*Il s'assied sur sa malle.*)

AIR *de Marianne.*

Quel fut donc ton projet, mon père?

LÉONCE.

Pourquoi cet accoutrement-là?

Mme MORIN.

Malheureux! qu'allais-tu donc faire?

MORIN, *piteusement.*

Je m'en allais au Kamchatka.
J'allais, infâme,
Quitter ma femme,
Tous mes enfants... mon pays... mes amours!...
(*A sa femme.*)
Mais tu sanglottes!...
(*A Bourdonnet.*)
Reprends tes bottes,
Reprends ton sac... ta malle... et ta peau d'ours...

Mme MORIN.

Ah! que c'est bien!... mais, je t'en prie,
Que nos vœux ne soient plus trahis!

MORIN.

Oh! non! je reste [illegible] mon pays...
(*Les montrant tous.*)
Car voilà ma patrie!

(*A Bourdonnet.*) Mais je ne peux plus tenir ma maison, mon pauvre Bourdonnet... je vais perdre ma clientèle...

BOURDONNET.

C'est vrai... Et puis, tu as un commerce qui a besoin du calme, de la tranquillité... Ecoute-moi : liquide ta maison... ou fais mieux, cède-la à Casimir...

MORIN, *plus gai.*

Au fait, c'est une idée!.. Mais moi?

BOURDONNET.

Autre idée!

MORIN.

Bourdonnet a une autre idée, mes enfants... elle doit être encore bonne !

BOURDONNET.

Il te faut une industrie qui va bien quand tout va mal... Associons-nous, et ouvrons un grand magasin de layeterie sur le boulevard...

MORIN.

Bravo !... ah ! mais, bravo !... un immense magasin, comme aux Villes de France... trois arpents de marchandises... avec cette enseigne : *Au Triomphe de l'opposition !*... Layeterie politique, Sacs de voyage anti-socialistes !...

BOURDONNET, *vivement*.

Mais, surtout, ne va pas changer ta manière de voter !

MORIN.

Jamais !... Plus je ferai de mal, plus nous en vendrons... plus je vendrai de malles, et plus nous aurons de bien !

CHOEUR FINAL.

AIR *d'Ettling*.

MORIN.

A ma profession
Rien ne pourra porter atteinte,
Et je pourrai sans crainte
Faire de l'opposition.

LÉONCE.

A sa profession
Rien ne pourra porter atteinte,
Il pourra donc sans crainte,
Faire de l'opposition.

LES AUTRES.

A ta profession
Rien ne pourra porter atteinte,
Et tu pourras sans crainte,
Faire de l'opposition.

MORIN, *au public*.

AIR : *Simple soldat, né d'obscurs laboureurs*.

Quand j'appelais la réforme à grands cris,
C'était, Messieurs, mon seul vœu politique,
Et cependant je ne fus pas compris,
On m'a donné la République.
Ce soir, c'est comme un fait exprès,
Aux quiproquos je suis encore en butte !
Ah ! cette fois ne soyez pas distraits,
Et, quand je demande un succès,
Ne me donnez pas une chute !

Paris. — Typ. Morris et Comp., rue Amelot, 64.

www.ingramcontent.com/pod-product-compliance
Lightning Source LLC
LaVergne TN
LVHW020635110826
845149LV00004B/1205

* 9 7 8 2 0 1 3 5 2 0 4 8 5 *